모든 것은 사랑으로 성장합니다.
사랑으로 시작하고 사랑하며 사랑을 나눕니다.
사랑의 선순환을 마음먹은 당신과 함께 합니다.

서상목

도산 안창호의 **애기애타 리더십**
사랑 그리고 나눔

2010년 4월 5일 초판 1쇄 발행
2011년 5월 13일 초판 2쇄 발행
2015년 8월 1일 초판 3쇄 발행

지 은 이 | 서상목 · 안문혜
펴 낸 이 | 이찬규
펴 낸 곳 | 북코리아
등록번호 | 제03-01240호
주　　소 | 462-807 경기도 성남시 중원구 사기막골로 45번길 14
우림2차 A동 1007호
전　　화 | 02-704-7840
팩　　스 | 02-704-7848
이 메 일 | sunhaksa@korea.com
홈페이지 | www.북코리아.kr
ISBN 978-89-6324-055-8 (03320)

값 12,000원

이 도서의 국립중앙도서관 출판시도서목록(CIP)은
e-CIP 홈페이지(http://www.nl.go.kr/ecip)에서 이용하실 수 있습니다.
(CIP제어번호: CIP2010000630)

도산 안창호의 **애기애타 리더십**

사랑 그리고 나눔

서상목 · 안문혜 지음

북코리아

발간사
도산 안창호 선생의 리더십을 세계에 소개하며

도산 선생은 20세기 초 일본 강점기 시대 당시 온갖 수난을 겪은 우리 민족의 희망이요, 밝은 등댓불이었다. 도산 선생은 탁월한 비전과 리더십으로 우리 독립운동을 이끌었다. 1945년 우리는 해방에 이어서 독립을 성취했지만, 도산 선생은 독립을 목격하지 못하고 1938년 서거하였다.

그러나 도산 안창호 선생은 당신이 사랑하는 민족을 위해 영원한 유산을 남기고, 그의 참된 교훈은 우리 삶의 가치를 향상시키는 역할을 했다. 그것은 바로 도산 선생의 사상과 철학 때문이다. 이 책 『도산 안창호의 애기애타 리더십: 사랑 그리고 나눔』은 그의 리더십을 잘 설명해주고 있다.

지금 세계 각국에서 우리 대한민국의 경제, 교육, 민주주의의 눈부신 발전에 대한 연구가 진행되고 있다. 이 책은 세계인들이 한국의 성장 과정과 더불어 도산 선생의 역할을 이해하는 데 큰 도움이 될 것이다.

이 중요한 책의 출간을 위해 온갖 정성을 다한 서상목 박사와 함께한 동지들께 감사드린다. 이 책은 우리 후세는 물론 모든 인류의 발전에 기여할 것이다.

2011년 5월

도산안창호기념사업회 이사장 **백 낙 환**

축사
『도산 안창호의 애기애타 리더십: 사랑 그리고 나눔』 발간에 즈음하여

저희 선친 도산 안창호의 리더십에 대한 훌륭한 책을 읽으면서 무척 기쁘고 감사하다는 말씀을 드립니다. 서상목 박사는 애기애타愛己愛他에서 도산 리더십의 진실을 발견했습니다. 저는 형제들과 애기애타의 철학을 늘 마음속에 간직하며 자랐고 '애기애타' 액자는 저희 거실 벽에 걸려 있습니다.

서상목 박사는 저희 선친의 비전을 매우 잘 조명하고 새로운 점들을 소개합니다. 영문으로도 발간된 책으로 인해 세계인들이 도산의 정신을 연구할 수 있게 돼 흐뭇합니다. 저는 이 책 원고를 읽고 감동을 받아 즉시 서상목 박사에게 전화했습니다. 너무나 훌륭하게 묘사된 도산 리더십 철학을 올해 아흔여섯 살에 접하게 되어 감사하게 생각합니다. 더구나 도산 리더십 사상을 젊은 사람들을 위해 현대화된 책자 형태로 출간한다는 것은 참으로 감사한 일입니다.

도산은 한국이 가장 어려운 시기에 리더십을 발휘했습니다. 그 당시 도산은 일본제국의 침략으로 혼란스러운 우리 사회를 개조하는 사업을 시작하고, 리더들을 양성하는 일에 몰두하였습니다. 도산은 정직과 성실을 몸소 실천하면서 리더십을 가르쳤습니다. 도산은 한국을 사랑했습니다. 그리고 도산은 인류를 사랑했습니다.

우리 5남매는 모두 미국에서 태어나 나라 없이 자랐습니다. 우리 선친께서는 가족과 함께 집에 계신 적이 별로 없었습니다. 제가 어렸을 때 저희 주변 사람들은 "너희 아버지는 한국의 어버이시다"라고 종종 말했지요. 우리는 그 말의 뜻을 나중에 알게 됐습니다. 저희들은 도산의 리더십을 본떠서 리더십 훈련을 실시했고 부끄럽지 않은 결과를 이루었습니다.

장남 필립 오빠는 2차 대전 당시 미국 육군에 입대했고, 영화계에서 유명한 배우로 활동을 하면서 한국을 위해 많은 업적을 남겼습니다. 차남 필선 오빠는 한인 맹호 부대에 참가하였고, 휴스 항공사 부사장 직을 맡아 엔지니어로서 우수한 업적을 남겼습니다. 저는 미국 해군에 입대해서 미 해군 최초의 여성 포격 장교Gunnery Officer로 활동했고, 후일 해군정보원 및 연방 안보국National Security Agency에서 구소련 암호 해독담당자로 일을 했습니다. 저희 동생 수라는 화학을 전공했고, LA에서 여성 사업가로서 성공했습니다. 막내 동생 필영은 2차 대전 당시 해군에 입대했습니다. 그는 훌륭한 미식축구 선수로 활약했고, 후에는 고등학교 교사 및 감독으로 활동했습니다. 선친께서는 우리를 자랑스럽게 여기실 거라고 믿고 싶습니다.

저희 어머니도 우리에게 리더십에 대한 교육을 시키셨습니다. 어머니는 낯선 땅에서 주방이나 청소 일을 하시면서 홀로 5남매를 키우셨지요. 아버님이 계실 때에는 아버님의 사업을 도와주셨습니다. 한인 사회가 점차 성장하자 어머님은 한인 여성을 위해 상담해 주셨고, 여성 애국단 이사장으로 활동하셨습니다. 어머니는 우리에게 어려움을 극복하는 방법을 보여줬습니다. 어머니가 아니었다면 아버님께서 독립운동의 리더 역할을 하시기 힘들었다고 생각합니다.

저는 『도산 안창호의 애기애타 리더십: 사랑 그리고 나눔』 출간을 계기로 도산 리더십 교육에 대한 관심이 높아지기를 기원합니다. 도산 리더십은 오늘날에도 절실히 필요한 교육과목입니다. 저는 아버님과 함께 짧은 시간을 보냈지만 많은 교육을 받았습니다. 그리고 저는 서상목 박사의 노고로 인해서 계속 새로운 것을 배우고 있습니다.

감사합니다.

2011년 5월

도산 안창호 선생의 장녀 **안 수 산**

차 례

머리말

미국 캘리포니아 주 리버사이드 시에 가면 시청 앞 광장에 세 개의 동상이 있다. 하나는 미국의 흑인 인권운동가로 유명한 마틴 루터 킹의 동상이고, 다른 하나는 인도의 영웅이고 세계적으로 비폭력저항운동의 창시자라 할 수 있는 마하트마 간디의 동상이다. 그 사이에 한국의 도산 안창호 동상이 세워져 있다.

리버사이드 시는 1910년대 도산 안창호가 "오렌지 한 개를 정성껏 따는 것이 나라를 위하는 것이다"라고 하면서 한국인 노동자들과 같이 오렌지 농장에서 일을 하였던 곳이다. 리버사이드 시는 도산 안창호의 생애와 인품이 마틴 루터 킹과 마하트마 간디와 같이 리버사이드 시민은 물론 세계인 모두에게 모범이 된다고 판단하여, 이들 세 인물의 동상을 시민들이 잘 볼 수 있는 시의 중앙광장에 세운 것이다.

킹, 간디, 도산의 공통점은 이들 모두 보다 큰 대의를 위해 자신의 모든 것을 바쳤고, 대의 구현에 필요한 조직원들의 협력과 단결을 이루려고 최선을 다하였으며, 이를 이루려는 과정에서 폭력보다는 평화적인 방법을 구사하였다는 점이다. 다시 말해 킹, 간디, 도산은 이 글의 주제인 '자신을 사랑하고, 자신을 사랑하듯 남과 조직을 사랑하는' 애기애타愛己愛他 리더십을 몸소 실천한 지도자들인 것이다.

나는 1990년대 초부터 도산안창호선생기념사업회 이사직을 맡아오면서, 서울 강남에 위치한 도산공원에 도산기념관을 건립하는 데 앞장선 바 있다. 또한, 최근에는 교육위원장의 직책을 맡아, 도산 안창호 선생의 정신을 담은 리더십 프로그램을 개발하여, 이를 자라나는 청소년들에게 보급하는 교육사업을 추진하고 있다. 이런 과정에서 도산 안창호 선생이야말로 리더십 분야의 선각자임을 잘 알게 되었고, 도산 선생의 몇 점 안 되는 유묵 중 하나인 '愛己愛他'라는 휘호가 도산의 리더십 사상을 한 마디로 요약하고 있다는 생각을 하게 되었다. 내가 이 글을 쓰게 된 이유는 도산 안창호의 애기애타 리더십을 현대적 의미의 리더십 개념으로 재정리하여, 향후 청소년은 물론 성인을 위한 리더십 프로그램의 개발·발전에 밑거름이 되고자 하는 데 있다.

리더십 분야의 발전과정을 살펴보면, 1930년대 중반 나폴레온 힐과 데일 카네기가 각각 『성공으로 가는 마법 사다리』와 『친구를 사귀고 영향력을 얻는 방법론』을 피력한 후, 경영학자들이 경영의 효율성을 높이는 차원에서 리더십에 대한 과학적 분석결과를 경영에 접목시키는 노력을 전개하였다. 요즈음은 행복, 희망, 사랑 등 감성적인 요소들이 리더십에 가미되어 보다 나은 삶을 추구하는 일반 대중에게 리더십 개념이 더욱 친숙하게 다가서 있다. 특히, 민주화 방식이 모든 분야에서 생활화되고, 기업경영뿐만 아니라 정부 및 비영리단체의 성공적 경영이 새로운 관심분야로 부상되면서, 조직원들 위에 군림하는 '파워 리더'가 아니라 조직원들을 도와주고 봉사하는 '서비스 리더'의 역할이 강조되고 있다. 이런 관점에서 볼 때 킹, 간디, 도산 모두 20세기 최고의 '서비스 리더'들이었다고 할 수 있을 것이다.

도산 안창호의 애기애타 리더십 개념을 체계화한 책을 출간하게 된 것은 나름대로 큰 의미가 있다고 생각한다. 이 책이 도산 선생의 사상을 리더십 분야로 확대·발전시켜 보려는 전문가들은 물론, 서비스 리더십에 관심을 가진 경영자와 일반인에게 유익한 참고자료가 되기를 기대한다.

평소 도산 리더십에 많은 관심을 갖고 지원과 격려를 해주신 도산안창호선생기념사업회 백낙환 이사장과 이 책의 초고에 대해 도산 전문가 입장에서 좋은 의견을 준 이명화 박사께 감사드린다. 또한, 이 책의 출간을 맡아 준 북코리아의 이찬규 사장과 편집과정에서 많은 도움을 준 허정회 경기복지재단 기획팀장에게도 감사의 뜻을 전한다.

2010년 3월

서 상 목

미국 리버사이드 시 광장의 도산 안창호 동상

미국 리버사이드 시 광장의 간디 동상

미국 리버사이드 시 광장의 킹 동상

시작하며
왜 지금 도산 리더십인가

21세기는 경영의 시대가 될 것이며 경영의 핵심은 리더십이라는 것이 20세기 최고의 경영학자였던 피터 드러커Peter Drucker의 주장이다. 필자도 오랜 기간 연구소, 행정부, 정치권 등에서 많은 경험을 하면서, 모든 분야에서 성공의 열쇠는 경영을 어떻게 하는가에 달려있으며, 경영자의 리더십은 이 중에서도 가장 기본이 된다는 사실을 잘 알게 되었다. 리더십에 관한 관심은 시간이 갈수록 더욱 높아지고 있고, 기업 CEO 등 경영자 위치에 있는 사람들은 물론 앞으로 경영자 또는 각 분야에서 리더를 꿈꾸는 젊은 계층에게도 리더십에 관한 교육은 인생성공을 위한 필수요건으로 인식되고 있다.

리더십에 관한 이론도 수천 가지에 달하고, 이에 관한 서적이 수십만 권에 이르는 상황에서 과연 무엇을 배울 것인가를 선택하는 문제는 결코 쉬운 일이 아니다. 지난 몇 년간 리더십에 관한 연구를 하면서 필자 또한 방대한 자료들 속에서 길을 찾느라 어려움을 겼었다. 이런 필자는, 19세기 후반기에 태어나 육십 평생 리더십 개념을 정리하여 이를 후진들에게 교육함은 물론, 일상생활에서 리더십의 기본적 자질을 몸소 실천한 도산 안창호야말로 지금 이 시대에 리더십을 배우려는 모든 사람들에게 귀감이 되는 선각자였음을 깨닫게 되었다. 그 이유는 다음과 같다. 우선, 도산은 리더십에 대해 매우 균형된 시각을 갖고 있었으며, 그 핵심 내용에 있어서도 현대사회에 가장 적합한 주인의식과 사랑을 강조하였다는 사실이다. 또한 도산의 리더십 개념은 동서양을 아우르는 철학적 기반을 두고 있으며, 실제 생활 속에서 이를 실천한 도산의 인품이 녹아들어 있다. 그래서 도산 리더십은 들여다보면 볼수록 깊이가 있고 그윽한 향기가 우러나고 있음을 느낄 수 있다.

한국의 최대 문제는 리더십 위기라고 지적하는 이들이 많다. 매일경제신문 설문조사에 의하면 국내 여론지도층 인사의 90%가 한국의 리더십에 문제가 있다고 응답하였고, 리더십 회복을 위해서는 응답자의 88%가 정치권이 변해야 한다고 하였다. 리더십 위기의 원인이 많은 사람들의 시선이 모아지고 있는 정치권에서부터 시작된다고 생각하는 것이다.

이러한 상황은 도산 안창호가 활동하던 20세기 초반에도 마찬가지였던 것 같다. 예를 들어, 흔히 이야기되는 '리더십 위기' 문제에 대해서도 도산은 매우 균형된 시각을 우리에게 보여주고 있다. 당시 "한국에는 지도자다운 지도자가 없다"는 말을 하는 사람들에게 도산은 "인물이 없다고 한탄하는 그 사람 자신이 왜 인물 될 공부를 아니 하는가"라는 반문을 던졌다. 도산은 이에 더 나아가, 리더란 별 것이 아니라 조직원 중에서 상대적으로 앞선 사람이 리더라는 간단한 논리를 펴면서, 우리 사회에서 리더가 잘 만들어지지 않는 것은 리더가 될 자격이 있는 사람이 없기 때문이 아니라 시기하고 질투하는 마음으로 인해 사람들이 리더를 키우려 하지 않기 때문이라고 지적하고 있다.

필자는 중국이 본격적인 개방정책을 추진하기 시작한 시기인 1988년경 상하이와 베이징을 방문한 적이 있다. 그때 놀란 것은 중국이 한국의 경제발전에 대해 많은 관심을 갖고 있었고, 특히 중국 지도층 인사들 대다수가 한국의 박정희 대통령에 대한 책을 필독서로 여겨 열심히 읽고 있었다는 사실이었다. 당시 한국에서는 민주화의 물결이 세차게 불면서 민주화를 지연시킨 장본인이라는 인식 때문에 박정희 대통령에 대해 매우 부정적인 시각이 팽배하였으나, 중국은 박정희 대통령을 '한강의 기적'을 이룬 훌륭한 지도자로 인식하고 그가 발휘했던 리더십을 배우려고 한 것이다.

또한, 필자는 1985년 대만에서 한국과 대만과의 산업정책을 비교하는 국제심포지엄에 참석한 적이 있다. 당시 한국 참석자들은 정부 개입과 간섭보다는 시장원리에 충실한 대만의 산업정책을 부러워했으나, 세계적 경제학자인 대만의 챙T. C. Tseng 박사는 반도체사업에 과감한 투자를 한 삼성 이병철 회장의 기업가로서의 '동물적 감각animal spirit'을 극구 칭찬하면서 대만 기업인 중에는 이런 이가 없음을 한탄하는 것을 보고 놀랐다. 당시 한국에서는 이병철 회장의 반도체사업 진출을 무모한 사업확장이라고 비판하는 여론이 팽배했으며, 세계은행 등 외국 전문가들도 한국과 같은 후발주자가 반도체 사업에 새로 진출하는 것은 매우 위험하며 심지어는 자살행위가 될 수 있다고까지 지적했었다.

그러나 삼성의 반도체사업 진출은 오늘날 삼성전자가 소니를 제치고 전자 분야에서 세계 최고의 기업으로 도약하는 원동력이 되었고, 박정희 대통령의 수출산업 육성을 위한 경제정책은 한국이 빈곤의 악순환에서 벗어날 수 있는 디딤돌이 되었다. 오늘날 박정희 대통령과 이병철 회장이 각각 정치와 경제 분야에서 뛰어난 업적을 거둔 지도자로 전 세계가 평가하고 있지만, 그분들이 활동하던 당시 한국에서는 긍정적 평가보다는 부정적 시각이 우세했다. 이런 관점에서 보면, 지금 일반인들이 인식하고 있는 '리더십 위기' 역시 실제적 현상이라기보다는, 도산이 지적한 바와 같이 지도자를 인정하지 않으려는 우리사회의 오래된 편견에 기인하는바 크다는 생각을 하지 않을 수 없다.

정치는 물론 기업경영, 가족관계 등 모든 분야에서 기본적 가치관으로 정착되고 있는 '민주화' 방식은 이제 전통적 관념의 지도자의 출현을 어렵게 하는 원인으로 작용하고 있다. 왜냐하면, 민주화는 단순한 '권위'에 의한 지도력의 유지를 어렵게 하고 있기 때문이다. 민주화 시대의 지도자는 구성원들을 설득하고 감동을 주어 자신이 바라는 목표로 인도해 나아가야 하는데 이는 결코 쉬운 일이 아닌 것이다. 이에 더해, 정보화가 급속히 진전되면서 '정보의 민주화' 역시 빠르게 이루어지고 있기 때문에, 이제 공동체의 구성원들은 자신이 속한 공동체는 물론 이를 이끄는 지도자에 대한 상세한 정보를 갖게 되었다. 이러한 상황에서는 지도자에 대한 존경심보다는 비판여론이 형성되기 쉽기 때문에, 구성원들의 지도자에 대한 지지도가 높아지기 어려운 것이다. "영웅은 베일에 쌓여 있을 때 존재한다", "우리의 영웅도 모두 결점을 지닌 인간에 불과하다"라는 말들이 암시해주듯이, 민주화와 정보화의 급진전은 '영웅'으로서 리더의 출현을 어렵게 하는 원인이 되고 있는 것이다.

이러한 상황 변화는 리더와 리더십에 관한 생각을 근본적으로 바꾸는 계기가 되고 있다. 이를테면, 일반인보다 뛰어난 자질을 갖춘 인물만이 리더가 될 수 있다는 종래의 고정관념이 무너지고, 누구든지 리더가 될 수 있다는 것이 오늘날 리더십 분야의 기본적 생각이 되고 있다. "지도자가 없다고 한탄만 하지 말고 너 자신이 지도자가 되려고 노력하라"는 도산의 말은 바로 이러한 오늘날의 리더십 개념의 기초가 되고 있는 것이다.

또한, 영웅다운 능력이나 행동보다는 성실성, 솔선수범하는 습관, 남들과 함께 어울리고 일할 수 있는 협동능력 등 인성人性의 매우 기본적인 요소들이 '21세기 리더'의 조건으로 부상하고 있다. 다시 말해, 리더가 되려면 "기본을 튼튼히 하라"는 것이 오늘날 리더십 교육의 핵심 내용이며, 도산은 이미 1세기 전에 '건전한 정신', 즉 덕德을 리더의 첫 번째 덕목으로 지적하면서, 진실되도록 힘쓰라는 의미의 '무실務實 리더십'과 힘써 행하라는 의미의 '역행力行 리더십'을 강조하였다.

리더십의 기본적 자질로 정직과 솔선수범 등의 인성이 중시되고 있으나, 우리나라에서는 학교는 물론 가정에서도 입시교육에 눌려 제대로 된 인성교육이 이루지지 못하는 것이 오늘의 현실이다. 학교성적과 수능시험을 중시하는 등의 대학입시 준비가 최우선인 상황에서 인성교육은 학교교육에서 뒷전으로 밀린지 오래되었고, 가정에서도 대학입시 준비에 모든 정열을 쏟아야 하기 때문에 인성교육은 일종의 '사치품'으로 간주되고 있다. 최상의 학교교육을 받은 계층이 기본적 리더십 자질을 갖추지 못하고 사회에 진출하기 때문에, 각계 지도층이 자신의 전공분야에서는 성과를 올려도 리더로서의 역할을 제대로 수행하지 못하는 경우가 종종 발생하고 있는 것이다. 이런 상황에서 한국의 미래를 짊어질 청소년들에게 건전한 인성을 강조하는 도산 리더십을 교육하는 것은 시대적 과제라고 할 수 있다.

얼마 전까지도 인류역사는 국민 위에서 군림하는 카리스마적 인물들에 의해 쓰여 온 것이 사실이다. 그러나 민주화가 정치 · 경제 · 사회 모든 분야에서 기본적 가치관으로 정착되면서 군림하는 리더보다는 국민들을 위해 봉사하고 이들을 섬기는 리더가 바람직한 리더십의 표상이 되고 있다. 그래서 1970년대 이후 서번트servant 리더십 또는 서비스service 리더십이 민주화시대 리더십의 새로운 패러다임paradigm으로 부상하고 있는 것이다. 그런데 도산 안창호는 1세기 전 "나는 여러분을 섬기려 합니다"라는 말로 '섬기는 리더십'을 실천하였으며, 진정으로 섬기는 리더가 되기 위해서는 책임감을 강조하는 '주인의식 리더십'과 나를 사랑하고 나를 사랑하듯 남을 사랑하라는 내용의 '애기애타愛己愛他 리더십'을 설파하였다. 실로 놀라운 일이 아닐 수 없다.

애기애타로 요약되는 한국판 '섬기는 리더십'의 핵심 주제는 주인의식과 사랑이다. 영어 서번트, 즉 하인은 복종에 의해 주인을 섬기나, 주인의식으로 무장된 주인은 주인된 책임감으로 손님을 섬긴다. 또한, '사랑은 모든 인간관계의 기본이다'라는 말이 의미하듯이 사랑하는 마음이 없이는 남을 진정으로 섬기기 어려운 일이다. 따라서 21세기 리더십의 새로운 화두인 '섬기는 리더십'은 도산의 주인의식과 애기애타 정신이 그 바탕이 되는 것이다. 이는 도산 리더십을 한국에서는 물론 전 세계적으로 리더십의 새로운 모델로 승화·발전시킬 수 있는 가능성을 시사한다고 할 수 있다.

도산 리더십에 대해 좀 더 구체적으로 언급하기 전에 그의 파란만장한 생애에 관해 간략히 살펴보고자 한다. 도산 안창호는 민족수난기인 1878년에 태어나 1938년 숨을 거둘 때까지의 육십 평생을 조국 독립과 민족성 개혁을 추구한 애국자이며 선각자이다.

도산은 18세인 1896년에 밀러학당에서 신교육을 받은 후, 1898년 평양 쾌재정에서 열린 만민공동회에서 대중연설로 민중의 심금을 울리고 고향으로 돌아와, 점진학교를 세우는 등 조국 근대화를 위한 노력을 시작하였다. 도산의 조국 독립과 민족성 개혁을 위한 활동은 24세에 미국으로 유학을 간 후에도 지속되어, 1903년 최초의 한인회인 샌프란시스코 한인친목회를 조직하였고 1905년에는 이를 발전시켜 공립협회를 설립하였으며 공립신보도 발간하였다. 또한 도산은 한인 교포 집의 화장실을 청소하고 한인 근로자들을 조직화하고 계몽하는 사업도 전개하였다.

1907년 귀국하여서도 비밀결사조직인 신민회를 창립하고 한국 최초의 주식회사인 '마산동 자기회사'를 설립함은 물론, 흥사단의 전신이라 할 수 있는 청년학우회를 조직하였다. 도산은 다시 미국으로 망명의 길을 걸으면서도 1912년 미국에서 한국인 대표기관 역할을 한 대한인국민회를 설립하였고, 1913년에는 리더 양성 전문단체로서 지금까지도 존속되고 있는 흥사단을 창단하였다.

1919년 3 · 1운동이 일어나자 도산은 중국 상해로 가서 임시정부 내무총장 겸 국무총리 대리 직책을 맡아 초기 임시정부를 실질적으로 통할하는 중책을 수행하게 된다. 그 당시 도산은 임시정부와 국내 각지를 연결하는 '연통제'와 종합적 독립운동 전략을 수립하였고, 임시정부 내 우파와 좌파 간의 대립을 중재하는 역할을 담당하였다.

1921년 모든 공직에서 물러난 도산은 국민대표회의를 개최하고 대독립당을 결성하는 등의 활동으로 독립운동 제 세력의 통합을 꾸준히 시도하였으나 성공하지는 못했다. 윤봉길 의사의 상해 홍구공원 의거가 일어난 1932년 4월 29일, 도산은 소년동맹단에 기부금을 내기로 한 소년과의 약속을 지키기 위해 상해 교민단장 이유필의 집을 방문하던 중 교민단장을 체포하러 온 일본과 프랑스 경찰에 체포되어 고국으로 이송되었고, 2년 반

동안이나 복역한 후 1935년 2월 가출옥하였다. 그러나 일제는 1937년 6월 '동우회 사건'을 빌미로 도산을 또다시 체포하였다. 서대문 감옥에서 복역하던 중 도산은 건강이 악화되어 1938년 3월 10일 꿈에도 그리던 조국의 독립을 보지도 못하고 60세의 나이로 서거하였다.

독립운동가이며 동시에 교육자이고 사상가였던 도산 안창호에 대한 많은 연구가 있으나 리더십 차원에서 도산 안창호에 대한 연구는 상대적으로 많지 않다. 2004년 도산아카데미연구원이 창립 15주년 기념으로 '도산 안창호의 리더십'을 주제로 한 세미나를 개최하였고, 그 결과를 흥사단 출판부가 출간한 것이 도산 리더십에 대한 연구의 대종을 이룬다 해도 과언이 아니다.

사실 도산 안창호만큼 리더십에 대해 확고한 철학을 가지고 리더십 교육을 통해 후진을 양성함은 물론, 바람직한 리더의 자질을 본인 스스로의 행동을 통해 일관적으로 보여준 리더는 동서고금을 통해 흔치 않다. 특히, 리더십에 대한 체계적인 연구도 없었던 20세기 초에 지금 시점에서도 매우 앞선 리더십 개념을 설파하면서, 이를 교육활동과 자신의 행동을 통해 실천해나갔다는 것은 매우 놀라운 일이 아닐 수 없다.

우선, 제1장에서는 도산 안창호의 생각과 사상을 리더십 관점에서 재정리하고, 도산의 리더십 교육활동의 특징과 성과를 살펴봄은 물론, 도산의 행동과 삶에 나타난 리더십 자질을 분석해 보고자 한다. 제2장에서는 도산 리더십의 기본요소를 현대적 의미에서 논의되고 있는 자기계발, 대인관계 그리고 조직관리 등의 분야로 나누어 정리해 보고, 그 성격과 특징을 규명하고자 한다. 끝으로, 제3장에서는 도산 리더십을 종합적으로 아우르는 '애기애타愛己愛他'의 핵심 주제인 '사랑'이 최근 리더십의 새로운 화두로 부각되고 있는 이유를 살펴보고, 도산의 애기애타 리더십 개념을 가장 현대적이면서도 한국적인 리더십 개념으로 발전시켜나갈 수 있는 가능성을 점검함은 물론, 애기애타 리더십이 가져다주는 긍정적 효과를 살펴보고, 애기애타 리더가 해야 할 일들을 정리하고자 한다. 끝으로 부록은 도산 안창호의 리더십 관련 활동을 연도별로 정리하고, 리더십에 관한 도산의 주요 글을 수록하고 있다.

사 랑 그 리 고 나 눔

제 1 장

도 산 과 리 더 십

농장에서 오렌지를 따는 도산(1910년대 초, 리버사이드 시)

1
진화하는 리더십 개념

리더십은 오래 전부터 많은 사람들의 관심사이었음은 물론 많은 학자들의 연구대상이 되어 왔다. 리더십에 관한 연구가 본격화된 1930년대 이후 지금까지 리더십에 관한 실증적 연구는 수천 건에 달하였고 리더십에 관한 정의도 백여 가지나 된다는 것이 이 분야 세계적 전문가이며 정치학자인 제임스 번즈James Burns[1]의 설명이다. 예를 들어, 지금도 아마존닷컴에서 '리더십'이라는 단어를 치면 무려 37만 권이 넘는 책들이 소개되고 있다. 그러나 중요한 사실은 성공적인 리더십의 요건이 시대와 상황에 따라 변해왔다는 것이다.

고대 그리스의 아리스토텔레스는 "사람은 태어날 때부터 다

1 Burns, James Macgregor, *Leadership*, New York: Harper & Row, 1978.

스릴 자와 다스림을 받을 자로 구분된다"고 하였고, 이를 근거로 플라톤은 '철인哲人에 의한 정치'를 주장하였다. 중국의 공자孔子와 노자老子 모두 성인聖人에 의한 정치를 강조하였다는 점에서 그리스 철학자들과 같은 지도자론을 갖고 있었다고 할 수 있다. 이러한 생각은 20세기 중반까지 계속되었다. 그러나 1940년대까지 리더십 연구의 대종을 이루어 온 '리더는 타고난 것이지 만들어지는 것이 아니다'라는 '자질이론Trait Theory'은 리더십에 대한 좀 더 심도 있는 연구가 진행되면서 일반화하기 어려운 것으로 판명되었다. 모든 훌륭한 리더의 공통된 특징을 찾기 어려울 뿐만 아니라, 리더십은 노력과 훈련에 의해 계발될 수 있기 때문이다.

자질론 이후 리더십 연구의 주종을 이룬 이른바 '행태접근법Behavioral Approach'은 '리더는 당시의 상황에 적절한 행태를 채택함으로써 좋은 리더십을 발휘할 수 있다'고 주장한다. 이러한 리더로서의 바람직한 행태는 학습될 수 있다는 주장을 바탕으로 경영자는 물론이고 일반인을 대상으로 하는 '리더십 교육'이 새로운 성장 분야로 부상하게 된 것이다.

이에 더해, 바람직한 리더십 행태는 상황에 따라 다르게 나타날 수 있다는 이른바 '상황이론Situational Method'이 1960년대 이후 리더십 연구 분야의 새로운 접근방법으로 발전되어 왔다. 예를 들어, 20세기 초반 널리 퍼진 카리스마적 리더십과 1960년대와 1970년대 유행한 참여 리더십 모두 어느 상황에서나 효과적인 것은 없으며, 상황에 따라 효과적인 리더십 행태가 달라질 수 있다는 것이다. 따라서 상황이론에 근거하여 현재 시점에서 바람직한 리더십 행태를 도출하기 위해서는 21세기 환경 변화에 대한 분석이 선행되어야 할 것이다.

21세기 환경 변화 중 가장 두드러진 특징은 변화의 속도가 빠르다는 것이다. 그래서 오늘날에는 변화의 흐름을 조기에 포착하여 빠르게 대응하는 조직들이 성공한다. 기술의 발전 속도만 빠른 것이 아니라 세계화된 환경에서 경쟁이 치열하기 때문에 빠르게 변신하지 않으면 살아남기 어려워진다.

이러한 상황에서 훌륭한 리더의 조건은 그 흐름을 빨리 파악하여 조직과 구성원을 그 방향으로 변하도록 하는 것이다. 이른바 '변혁적 리더십'Transformational Leadership[2]이 21세기 리더의 최대 덕목으로 지적되는 이유가 바로 여기에 있다. 변혁적 리더십은 리더와 추종자 간의 사회적 교환으로 요약되는 '거래적 리더십'과 대칭되는 개념으로, 21세기 급속한 환경 변화에 조직과 조직원들이 신속히 대응하도록 선도하는 리더십을 의미한다. 또한, 변화를 선도하기 위해서는 창의적 사고가 전제조건이 되기 때문에 변혁적 리더십은 창조적 리더십을 의미하기도 한다.[3]

흔히 현대를 감성의 시대라고 한다. IT 기술의 발달로 정보와 의사소통의 속도가 빨라지고 그것을 빠른 시간 안에 수용 또는 거부의 결정을 해야 함에 따라, 논리적 설명보다는 '마음에 드는 것'이 선택의 새로운 기준으로 부상하고 있는 것이다. 지식을 논

---

2 Burns, James MacGreger, *Transforming Leadership*, New York: Grove/Atlantic, 2003.

3 김광웅, 『미래리더의 조건: 창조 리더십』, 생각의 나무, 2009.

리적으로 연결하는 것은 컴퓨터의 몫이 되고 인간은 존재하지 않는 지식, 무형의 지식을 창조하고 느끼는 일을 맡게 됨에 따라, 이성理性보다는 감성感性이 중요한 자질로 부각하게 된 것이다.

이러한 상황은 리더십 분야에도 큰 영향을 미쳐 감성지능EQ은 지적 능력IQ보다 훨씬 중요한 리더십 자질로 인식되고 있다. 심리학자인 다니엘 골먼Daniel Goleman[4]이 유력기업의 고위관리자를 대상으로 한 연구에 의하면 뛰어난 능력을 가진 리더의 특징 가운데 85%가 기술적이고 인지적인 능력IQ이 아닌 감성적 능력EQ인 것으로 나타났다. 이른바 '감성의 리더십Primal Leadership'이 리더십의 새로운 분야로 부상한 것이다.

리더십 교육 분야의 발달과정을 살펴보면 처음에는 리더십 교육은 자기 분야에서 성공하기 위해 필요한 기술을 습득하는 과정으로 인식되었다. 이 시대의 리더십을 연구한 대표적 인물이 나폴레온 힐Napoleon Hill과 데일 카네기Dale Carnegie였다. 언론인 출신으로 루즈벨트 대통령 고문을 역임한 나폴레온 힐은 철강왕 앤드루 카네기Andrew Carnegie 등 당시 성공한 인사들과의 인터뷰를 통해 성공의 법칙을 발견하고 이를 책으로 출판하였다.[5] 데일 카네기는 학자 또는 경영인 출신이 아니라 교사, 세일즈맨 등 다양한 사회활동을 하다가 성공적인 인간관계에 대한 자기 나름의 '기법'을 개발하였다.[6] 그 후 힐과 카네기 모두

---

4 Goleman, Daniel, *The Primal Leadership*, New York: Brockman, 2002.
5 Hill, Napoleon, *The Magic Ladder to Success*(1930), *Think and Grow Rich*(1937).
6 Carnegie, Dale, *How To Win Friends & Influence People*, Simon & Schuster, 1936.

연구소 또는 재단을 설립하였고 오늘날까지 이들 기관들의 활동은 지속되고 있다.

그 후 미국을 중심으로 비즈니스 스쿨이 크게 성장하면서, 조직의 효율적 관리라는 차원에서 현재와 미래의 경영자들을 대상으로 하는 리더십 교육의 중요성이 대두되었다. 리더십 분야의 대가라고 불리는 워렌 베니스Warren Bennis, 스티븐 코비Stephen Covey, 쿠제스와 포스너Kouzes & Posner, 톰 피터스Tom Peters 모두 경영학자들이다. 이들의 공통점은 리더십을 과학적이며 객관적으로 연구하고, 그 결과를 기업경영의 효율을 높이는 데 반영하는 것을 목표로 한다는 것이다.

쿠제스와 포스너[7]는 20여 년간의 실증적 연구를 바탕으로 '솔선수범하라', '공통된 비전을 갖도록 하라', '창의적으로 도전하라', '실천하도록 하라', '마음을 움직여라' 등의 다섯 가지를 성공적 리더십의 요건으로 제시하고, 이를 실현시킬 수 있는 구체적 방법을 제기하여 리더십 분야를 실증적으로 접근하는 새로운 전기를 마련하였다. 오랜 기간 기업과 정부를 상대로 리더십에 관한 자문을 해온 워렌 베니스[8]는 '기본이 제일이다', '너 자신을 알고 너 자신이 되라' 등의 구호로 리더의 자아개발을 강조함과 동시에 "조직은 스스로 변해야만 경쟁에 복귀할 수 있고, 문제의 핵심을 찾을 수 있다"라고 하면서 변화의 시대를 맞아 변혁적 리더의 중요성을 강조하고 있다. 『성공하는 사람들의

7 Kouzes & Posner, *Leadership Challenge*, John Wiley & Sons, 2002.

8 Bennis, Warren & Burt Nanus, *Leaders*, Goldenowl Publishing Co., 1985.

7가지 습관』이라는 책으로 전 세계적으로 널리 알려진 스티븐 코비[9]는 '원칙 중심 리더십'을 강조하면서 리더십의 핵심원칙으로서 개인 차원의 '신뢰성trustworthiness'과 대인관계 차원의 '신뢰trust' 등을 강조하고 있다.

또한, 최근 리더의 감성과 영성 능력이 강조되면서 리더십에 관한 베스트셀러 저자 역시 전문가에서 목사, 신부 등의 성직자 또는 일반 작가로 바뀌고 있다. 『긍정의 힘』, 『잘되는 나』 등의 베스트셀러를 쓴 조엘 오스틴Joel Osteen[10]은 목사이며, 세계적으로 '시크릿' 열풍을 일으키고 있는 『더 시크릿 *The Secret*』의 저자 론다 번Rhonda Byrne[11]은 호주의 전직 TV 프로듀서 출신이다.

리더십의 자질로 감성과 영성이 강조되면서 '우선 자신을 사랑하고 자신을 사랑하듯 남을 사랑하라'는 의미의 애기애타愛己愛他 역시 리더십의 새로운 화두로 부상하고 있다. 예를 들어, 조엘 오스틴은 "자신에게 없는 것을 남에게 줄 수 없다. 자신을 사랑하지 않으면 남을 사랑할 수 없다. 자신을 사랑하는 사람은 주위에 사랑을 나눠주고 건강한 관계를 싹 틔운다"라고 말하고 있다. 이는 도산의 애기애타 리더십에 대한 설명으로 조금도 손색이 없는 것이다. 도산이 애기애타의 중요성을 설파한 후 1세기가 지난 지금 애기애타 정신이 리더십의 새로운 화두가 되고 있다는 것은 흥미로운 일이 아닐 수 없다.

9 Covey, Stephen, *The 7 Habits of Effective People*, Grimm Young Co., 1994.
10 Osteen, Joel, *Your Best Life Now*, Warner Faith, 2004.
11 Byrne, Rhonda, *The Secret*, Atris Books, 2006.

진화하는 리더십 개념

리더는 타고난 것이다

자질론(trait theory) 1800년대~1940년대

↓

리더는 만들어지는 것이다

행태접근법(behavioral approach) 1940년대~1960년대

↓

상황에 따라 리더의 형태가 달라질 수 있다

상황이론(situational method) 1960년대부터 현재

2

리더십 분야의 선구자, 도산

도산만큼 리더와 리더십에 대해 많은 관심을 갖고 이에 대해 언급한 정치지도자도 드물다. 도산은 리더십 분야가 학문으로 체계화되지도 않은 시대에 살면서 현대적 의미의 리더십이 지녀야 할 다양한 특성에 대해 심도 있는 관찰을 하였고, 육십 평생 이를 실천하려고 최선을 다하였다. 이런 측면에서 도산은 리더십 분야의 '선구자'라고 불러도 과언이 아니라고 생각된다.

도산은 1926년 『동광東光』에 실린 "합동의 요건 : 지도자"라는 제목의 글에서 리더와 리더십에 대한 자신의 생각을 명료하게 정리하고 있다. 우선, 도산은 악단에 지휘자가 있어야 하고, 여행을 해도 인솔자가 필요하며, 국가의 모든 행정 단위에도 책임자가 있어야 하는 것처럼, 공동체에서 구성원들이 협동을 하

東 光

합동의 요건—지도자

山 翁

도산의 '합동의 조건' 기고문
산옹山翁은 일제의 검열을 피하기 위해 사용된 도산의 필명

기 위해서는 지도자의 존재가 반드시 필요하다는 점을 강조한다.

"우리가 상당한 공통적 방침 하에 서로 믿고 모이고 협동적으로 나아가려 하면 없지 못할 필요한 물건이 지도자외다. 세상 무슨 일이든지 단독적 행동에는 자기의 이익을 위하여 좋은 지도자의 지도를 요구하되 그다지 절실한 필요가 없다 하려니와, 협동적 생활에 있어서는 작은 협동이나 큰 협동이나 그 협동한 전체를 지도하는 지도자가 있고야 협동의 사실을 이루고, 협동의 효과를 거둡니다. 소협동에는 소협동의 지도자가 있고, 대협동에는 대협동의 지도자가 있고야 맙니다."

다음으로, 도산은 누가 지도자가 되어야 하는가에 대해 설명하고 있다. 지도자는 반드시 완벽한 자격을 갖추어야만 하는 것이 아니며, 집단 구성원 중 상대적으로 앞선 사람이 지도자가 될 수 있다는 것이다. 따라서 구성원의 수준이 낮으면 비록 미흡하더라도 구성원 중 조금이라도 앞선 사람이 지도자가 되면 되고, 구성원의 수준이 높아지면서 점차 지도자의 수준도 높아질 수 있을 것이라는 매우 현실적인 리더십 이론을 전개하고 있다. 이는 당시 많은 사람들이 지도자가 필요하나 내세울 지도자가 없다고 불평하는 것에 대한 도산 나름의 해답이었다고 생각된다.

"오늘에 만일 지도자의 자격이 없다고 하면 이 앞에 백 년 천 년 후에라도 지도자의 자격이 없을 것이요, 이 앞에 지도자의 자격이 있으리라고 하면 오늘에도 그 지도자의 자격이 있습니다. 오늘에 지도자의 자격이 없다고 말하는 사람은 아직도 그 지도자가 무엇인지를 모르는 때문인가 합니다."

셋째, 도산은 지도자를 세우는 것이 결코 평등사상에 위배되는 것이 아니라는 점을 강조한다. 도산이 생각한 지도자는 구성원 위에 군림하는 권위주의적 지도자가 아니라 구성원을 섬기고 이들을 위해 헌신하는 민주적 지도자이며, 이러한 지도자는 당시에도 있었다고 주장한다.

"위인이란 별 물건이 아니오. 위인의 맘으로 위인의 일을 하는 자가 위인입니다. 남이야 알거나 모르거나 욕을 먹고 압박을 받아

가면서 자기의 금전, 지식, 시간, 자기의 정열을 다 내어 놓고 우리 민족을 위하여 일하는 그네들은 곧 위인의 마음으로 위인의 일을 하는 우리의 지도자가 될 만하기에 넉넉합니다. 이런 사람이 있는가 없는가, 분명히 있습니다. 내 눈에 보일 때에는 여러분의 눈에도 응당 보이겠지요."

넷째, 도산은 우리의 문제는 지도자가 없는 것이 아니라 시기심과 질투심 때문에 지도자를 지도자로 인정하지 않으려는 마음가짐이라는 점을 역설하고 있다. 도산은 우리 민족의 약점은 지도자를 세우고 후원하기보다는 이들을 비난하고 결국은 거꾸러뜨리는 것이며, 그 대표적인 사례가 이순신과 유길준이라고 지적한다.

"우리 사람은 지도자를 세우고 후원하기에 힘쓰는 것은 고사하고, 지도자가 세워질까 봐 두려워하여 지도자가 될 만한 사람은 거꾸러뜨려 지도자가 못 되게 하기에 노력하는 듯합니다. 우리 역사에 이순신은 가장 비참하고 적당한 실례입니다. 그를 꼭 지도자로 삼고 후원하여야만 할 처지였거늘 선인들은 시기하고 모함하여 거꾸러뜨리고야 말았고, 근대에도 유길준 같은 어른은 우리의 지도자 되기에 합당하였건만 우리의 선인들은 그를 지도자로 삼지 아니하고 압박과 무시를 더 하다가 마침내 그의 불우의 일생이 끝날 때에 가서 성대한 화장을 한 것을 보고 나는 슬퍼하였습니다."

다섯째, 도산은 참된 지도자는 거짓이 없이 민족을 위하여 자신의 금전과 지식 그리고 열정을 다 바치는 사람이라고 정의

하면서, 그러한 지도자가 분명 존재한다는 점을 강조하고 있다. 이 대목에서는 민족을 위해 모든 것을 희생하는 도산에 대해 '지방색이 강하다' 또는 '야심이 많다' 등의 비난이 있었다는 사실을 기억하게 한다.

> "많다고 할는지는 모르나 자기 금전, 자기 지식, 자기 능력을 가지고 정직하게 민중을 위하여 일하고, 협잡을 도무지 아니하는 사람이 과연 있습니다. 또는 외형을 보면 남에게 욕도 받고, 공격도 받고, 모함도 받기 때문에 같은 싸움꾼인 듯하나, 그 욕과 그 핍박, 그 모함을 받으면서도 한 번도 저항의 행동을 취하지 않고 공평하고 원만한 마음으로 군중을 향하는 사람도 있습니다."

여섯째, 제대로 된 지도자를 알아보고 그를 지도자로 세우기 위해서는 구성원 각자가 시기심을 버리고 냉철한 두뇌로 주인 되는 책임감이 있어야 한다는 점을 설파하고 있다.

> "앞선 사람을 찾기 위하여 서늘한 머리로 사회를 살피는 정도에 이르는 것은 값없는 허영에서 떠나 자기 민족 사회의 사업을 표준하는 주인되는 책임감이 있는 후에야 됩니다. 어느 집에든지 그 집에 주인된 자는 자기 식구 중에 좋은 인물이 생기는 것이 영광스럽고 기쁘게 생각할 뿐이요, 시기심이 조금도 없습니다. 형이나 아우는 고사하고 똑똑한 하인만 들어오더라도 즐거워합니다."

일곱째, 도산은 지도자를 선별하는 방법으로 지도자가 될 인물에 대해 보다 객관적인 자료를 바탕으로 그의 생각과 행동을 분석하여 그것들이 다른 사람보다 앞선 것을 확인하라고 충고한다. 특히, 유언비어 등 부정확한 정보와 편견에 의해 판단을 잘못하는 일이 없도록 주의할 것을 당부하고 있다.

> "무조건하고 허영만 표준하여 지도자라고 인정하지 말고, 먼저 그 사람의 주의와 본령과 방침과 능력을 조사한 후에 그 주의와 본령이 내 개성에 적합하고, 그 주의에 대한 방법과 능력이 나와 다른 사람보다 앞선 것을 본 후에 지도자로 인정할 것이요, 그것을 살피는 방법은 사회에 떠돌아다니는 유언비어에 의하지 말고, 그 사람의 실지적 역사와 행위를 밝게 살필 것입니다."

끝으로, 도산은 한번 지도자로 세웠으면 작은 실수나 허물은 덮어주고 끝까지 지도자의 역할을 다 할 수 있도록 지원해야 한다고 역설하고 있다.

> "대주의 대본령이 맞고 큰 성의가 있는 줄로 인정한 후에는 그 사람이 한때 말이나 일에 실수함이 있더라도 그것을 교정하여 주기를 노력할지언정 가볍게 배척하지 아니해야 할 것입니다. 한때 허물로 사람의 평생을 버리고, 한 가지 두 가지 허물로 그 사람의 전체를 버리는 것은 불가합니다."

도산을 리더십 분야의 선각자라고 할 수 있는 것은 '리더는 만들어질 수 있고, 리더십은 학습될 수 있다'는 보다 진보된 리더십 사상을 도산이 갖고 있었기 때문이다. 도산은 '누구든지 리더십에 필요한 자질을 갖추기 위해 지속적으로 노력하면 리

진정한 리더의 조건

① 협동을 위해선 지도자의 존재가 반드시 필요하다.
② 상대적으로 앞선 사람이 지도자가 될 수 있다.
③ 지도자를 세우는 것은 평등사상에 위배되는 것이 아니다.
④ 시기심 때문에 지도자를 인정하지 않으려는 마음가짐이 문제다.
⑤ 진정한 지도자는 거짓이 없이 열정을 다 바치는 사람이다.
⑥ 냉철한 두뇌와 주인 되는 책임감으로 지도자를 정하라.
⑦ 객관적으로 지도자의 생각과 행동을 분석하고 앞선 것을 확인하라.
⑧ 한 번 세운 지도자의 작은 허물은 덮어 주고 성심껏 지원해야 한다.

더가 될 수 있다는 논리'를 전개한 최초의 정치지도자가 아닌가 생각된다. 이미 앞에서 지적한 대로, 1940년대까지 '리더는 타고난다'는 '자질론'이 리더십 분야의 정설이었다. 그런데 도산은 이미 1910년대 지도자의 자질은 학습을 통해 얻어질 수 있기 때문에 누구든지 자아혁신 노력을 꾸준히 하면 지도자가 될 수 있다는 주장을 펼쳤다.

> "우리 중에 인물이 없는 것은 인물 되려고 마음먹고 힘쓰는 사람이 없는 까닭이다. 인물이 없다고 한탄하는 그 사람 자신이 왜 인물 될 공부를 아니 하는가." _ 도산 안창호, 흥사단 연설에서

도산은 리더는 만들어질 수 있다는 점을 강조하면서 리더 양성의 구체적 방법론도 제시하고 있다. 먼저 리더가 될 결심을 하고 이를 위해 노력하라는 것이다. 이를 위해서는 무엇보다도

인격을 수양할 것을 권고하면서, 인격 수양과 더불어 체력을 단련할 것도 당부하고 있다. '건전한 인격, 건강한 육체'를 바탕으로 리더의 역할을 하는 데 필요한 지식을 습득하는 이른바 '덕德-체體-지知' 교육이념을 설파하고 있는 것이다.

> "우리나라에 인물이 많이 나는 길은 오직 하나다. 그것은 저마다 인물이 될 결심을 하고 공부하는 것이다. 저마다 성인成人을 목적으로 인격을 수양하는 것이다. 최저한도로 저마다 한 국민의 구실을 할 만한 자격을 갖추기 위하여 덕 · 체 · 지를 수양하여야 할 것이다."
>
> _ 도산 안창호, 흥사단 연설에서

도산을 리더십 분야의 대가라고 할 수 있는 또 하나의 이유는, 다음 장에 보다 구체적으로 지적하고 있듯이, 리더십이 학문 분야로 정립되지 않았던 20세기 초반에 살면서 현대적 의미의 리더십의 기본요건을 거의 모두 제시했다는 사실이다.

도산이 설립한 리더십 교육단체인 흥사단의 핵심정신이라고 할 수 있는 '진실함에 최선을 다하라'는 의미의 무실務實과 '힘써 행하라'는 의미의 역행力行은 오늘날 세계적 리더십 전문가들이 리더십의 기본적 덕목으로 지적하는 사항들이다. 쿠제스와 포스너[12]는 20년간의 실증적 연구를 통해 '정직honesty'은 리더의 가장 으뜸가는 덕목이라는 점을 강조하고 있다. 믿을 수 없는 리더를 신뢰할 사람은 없기 때문인 것이다. 리더라는 단어의 어원

12 Kouzes & Posner, 전게서.

東光 第一卷 第五號

부허에서 떠나아 착실로 가자

도산의 '부허에서 착실로' 기고문

이 전쟁터에서 죽음을 무릅쓰고 앞에 나가 싸우는 전사戰士에서 유래되었듯이 '행함이 없는' 리더 역시 다른 사람들의 추앙을 받기 어려운 것이다.

도산은 1926년 『동광東光』에 실린 "부허浮虛에서 떠나 착실着實로 가자"라는 글에서 '부허는 패망의 근본이요, 착실은 성공의 기초'임을 강조하고 있다. 도산은 착실은 "무슨 일에서나 실질적인 인과율에 근거하여 명확한 타산 하에 정당한 계획과 조직으로써 무엇 무엇을 어떻게 하여 어떠한 결과를 만들어 내겠다고 하고, 그 목적을 달성하기까지 뜻을 옮기지 않고 그 순서에 의지하여 각고의 노력을 다하는 이름"이라고 정의하면서, 이를 이루기 위해 뜻을 같이 하는 이들이 협동할 것을 호소하고 있다.

오늘 할일은 오늘에

도산의 '오늘 할 일은 오늘에' 기고문

"거짓이여! 너는 내 나라를 죽인 원수로구나. 군부君父의 원수는 불공대천不共戴天이라 했으니, 내 평생에 죽어도 다시는 거짓말을 아니 하리라."

_ 도산 안창호, 대성학교 학도들에게

도산은 1926년 『동광』에 실린 "오늘 할 일은 오늘에"라는 글에서 역행의 중요성을 강조하고 있다. 모든 중요한 일은 우리 몸과 집부터 바로 잡는 일에서 시작한다는 사실을 상기시키면서, 오늘 할 일을 내일로 미루지 말고 실천함으로써 큰일을 이룰 수 있다는 작은 진리를 설파하고 있다. 또한, 도산은 일을 행함에 있어 '얼렁얼렁'이 아니라 자신의 최선을 다 할 것을 촉구하고 있다.

"너도 행하고, 나도 행하고, 우리가 다 행하자."

_ 도산 안창호, 흥사단 연설에서

"얼렁얼렁이 나라를 망하게 했다. 우리의 최선을 다하더라도 최선 되기 어렵거늘 하물며 얼렁뚱땅으로 천 년 대업을 이룰 수가 있는가."

_ 도산 안창호, 산장을 지으면서

책임감은 도산이 지적한 또 하나의 중요한 리더의 자질이다. 도산은 이를 '주인의식'이라는 개념으로 정리하였다. 도산은 1926년 『동광』에 실린 "당신은 주인입니까"라는 글에서 주인의식의 개념을 상세히 설명하고 있다. 도산에게 참된 주인의식은 남에게 잘 보이기 위하여, 또는 영웅심으로 봉사하는 것이 아니

당신은주인입니까

도산의 '당신은 주인입니까' 기고문

라, 조직에 대한 영원한 책임감을 갖고 다른 사람의 반응을 의식하지 않으면서 묵묵히 자기 할 일을 해나가는 것이다.

> "자손은 조상을 원망하고, 후진은 선배를 원망하고, 우리 민족의 불행의 책임을 자기 이외에 돌리려고 하니, 대관절 당신은 왜 못하고 남만 책망하려 하시오? 우리나라가 독립 못 되는 것이 다 나 때문이로구나 하고 가슴을 두드리고 아프게 뉘우칠 생각은 왜 못하고, 어찌하여 그 놈이 죽일 놈이요, 저 놈이 죽일 놈이라고만 하고 가만히 앉아 계시오? 내가 죽일 놈이라고 왜들 깨닫지 못하시오?"
>
> _ 도산 안창호, 흥사단 연설에서

또한, 도산은 협동과 단결을 유난히 강조한 정치지도자이다. 도산은 당시 한민족의 가장 큰 단점을 '합동'하지 못하는 것이라고 지적하면서, '합동하면 살고, 분리하면 죽는다'는 논리를 1926년 『동광』에 실린 "합동과 분리"라는 글에서 강조하고 있다. 도산은 협동함에 있어 민족적 감정에 의한 '합동'이 아닌, 일을 위한 '합동'의 필요성을 강조한다. 그러기 위해서는 각자가 자신의 '방침과 계획'을 세우고, 이를 발표하여 '자연도태'와 '적자생존'의 원리에 의해 조직 전체의 '방침과 계획'이 만들어져야 한다는 점을 강조한다. 자유스럽고 민주적 절차에 의해 조직 전체의 '방침과 계획'을 세우는 것을 도산은 '합동'이라고 정의한 것이다. 이는 도산 리더십의 민주성을 잘 보여주는 대목이 아닐 수 없다.

合同과 分離

도산의 '합동과 분리' 기고문

"이 대통령에게 불평이 있거든 버리라…… 만일 이 총리에게 허물이 있거든 그 허물을 내가 쓰고, 가인일본 천왕과 원경일본 총리대신을 적으로 합시다…… 무력도 통일하고, 금력과 지력도 통일하여야 하겠소…… 합하여 그치지 말고 오래 참아 나가라…… 과거 일은 다 잊어버리시오…… 우리는 과거에 사는 자가 아니라 미래에 살 자외다."

_ 도산 안창호, 교민단 사무소 연설에서

도산은 리더십의 마지막이면서도 앞의 모든 것을 아우르는 개념으로 정情과 사랑을 강조하고 있다. 도산은 1926년 『동광』에 실린 "유정有情한 사회와 무정無情한 사회"에서 '서로 사랑하기를 부단히 연습하자'라는 의미의 정의돈수情誼敦修에 대해 설명하고 있다. 도산은 정의情誼를 어머니가 자식을 정으로 사랑하는

無情한社會와
有情한社會
섬메
◇情誼敎條의意義와要素◇
情誼敎條의意義
情誼와社會와의關係

도산의 '유정한 사회와 무정한 사회' 기고문
섬메는 한글로 도산을 의미하는 도산의 필명

친애親愛와 어머니가 자식과 고락을 함께하는 동정同情의 결합이라고 하면서, 정의情誼를 기르는 공부를 열심히 할 것을 권장하고 있다. 이를 위한 구체적 방법으로 남의 일에 개의치 말라, 개성을 존중하라, 자유를 침범치 말라, 신의를 지켜라, 예절을 존중하라 등을 제시하고 있다. 도산은 "정의情誼가 있어야 화기和氣가 있고, 화기가 있어야 흥미가 있고, 흥미가 있어야 성공이 있습니다"라는 말로 정과 사랑이야말로 성공의 기본요건임을 강조하고 있다.

"우리 민족에게는 사랑이 부족하오. 부자간의 사랑, 부부간의 사랑, 동지 간의 사랑, 자기가 보는 일에 대한 사랑, 자기가 속한

도산의 정의돈수情誼敦修 방법론

① 남의 일에 개의치 말라.
② 개성을 존중하라.
③ 자유를 침범치 말라.
④ 물질적 의뢰를 말라.
⑤ 부자, 부부, 친구, 동지의 정의情誼가 다 각각 다르다.
⑥ 서로 약속한 것을 꼭 지켜야 정의情誼가 무너지지 않는다.

단체에 대한 사랑, 모르는 사람에게 대한 사랑…… 우리가 단결 못 되는 원인의 하나도 여기 있소…… 그러니까 사랑하기를 공부합시다…… 조선 사람끼리 서로 사랑하자. 허물이랑 서로 용서하고 잘되는 것을 서로 칭찬하자. _ 도산 안창호, 공개서한에서

3
리더십 교육자, 도산

도산 안창호는 리더십에 대한 확고한 철학과 신념을 바탕으로 실제로 리더를 양성하는 데 한평생 열정을 쏟은 교육자이다. 도산은 평생 세 개의 학교를 설립하였다. 그 첫 번째는 약관 21세 때인 1899년에 고향인 평안남도 강서군에 세운 점진漸進학교이다. 점진학교는 초등학교 수준으로 한국인이 세운 최초의 사학이며 최초의 남녀공학이기도 하다. '점진'이라는 학교명에는 기회를 기다리며 독립을 준비하는 힘을 기르자는 도산의 뜻이 담겨 있는데, 이는 신념이 강하고 뿌리 깊은 교육자로서의 도산의 면모를 잘 나타내 주고 있다.

도산의 두 번째 학교는 1908년 30세에 평양에 설립한 대성大成학교이다. 대성학교는 당시로서는 가장 우수한 교사와 시설을

점진학교 교사와 학생들

갖춘 중등학교로서 전국에서 우수한 학생들이 모여들었으며, 당시 민족교육의 대표적인 요람으로 부상하였다. 원래는 평양뿐 아니라 전국 주요 도시에 같은 종류의 학교를 세우려 하였으나, 설립 후 1년 반 만에 도산이 미국으로 망명하게 됨으로써 목적을 이루지 못하였다. 도산은 대성학교를 운영하면서 지식의 축적에 앞서 건전한 정신과 건강한 육체를 강조하는 '덕德-체體-지知'의 교육이념을 실천하려고 최선을 다하였다. 대성학교의 설립은 1907년 이승훈의 오산학교 설립과 더불어 각지에서 민족교육기관 창설의 기폭제 역할을 하였다. 그러나 불행하게도 대성학교는 일본국기 불게不揭운동 등으로 인해 1912년 일본에 의해 강제로 폐교되고 말았다.

대성학교 모표

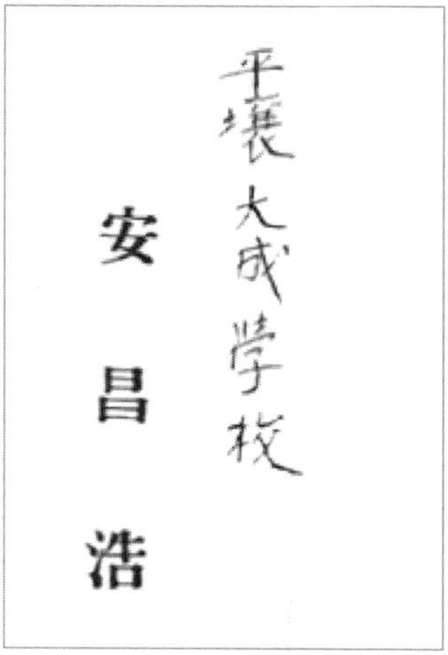

平壤大成學校
安昌浩

도산의 대성학교 명함

도산의 세 번째 학교는 1924년 중국 남경에 세운 동명東明학원이다. 동명학원은 중국을 거쳐 미국으로 유학 가려는 교포 학생들을 위해 어학교육과 민족의식을 고취시키는 것이 목적이었다. 학생 수는 수십 명 수준으로 흥사단원들이 많았다고 한다. 도산이 남경을 선택한 것은 이곳을 재외한족의 중심지로 삼아 독립운동기지로서의 '이상촌理想村'을 건설할 계획을 갖고 있었기 때문이었다.

이와 같이 도산은 세 개의 정식 교육기관을 설립함과 동시에, 리더 양성과 리더십 배양을 목적으로 하는 조직을 만드는 일에도 열과 성을 다하였다. 1902년 미국으로 유학길에 오른 후에도 당시 단합을 못하고 나태한 생활을 하는 한인사회에 새로운 활력을 불어 넣기 위해, 도산은 1903년 한인친목회를 만들고 1905년에는

동명학원 교사와 학생들

공립협회를 설립하였다. 도산은 1907년 귀국한 후에도 비밀결사조직인 신민회의 조직을 주도하였고, 1909년에는 국내 최초의 청년단체이며 후일 흥사단의 전신이라 할 수 있는 청년학우회를 창설하였다.

도산은 1910년 미국으로 다시 망명 길을 떠났고, 그의 리더를 양성하려는 조직적 활동은 계속되었다. 1912년에는 해외한국인을 대표하는 대한인국민회를 조직하였고, 1913년에는 현재까지도 그 형태가 유지되고 있는 흥사단을 창단하여 본격적인 리더 양성작업에 착수하였다. 흥사단은 창립 당시 약법略法으로 다음을 명시하고 있다.

少年

本卷의 槪目

청년학우회 기관지 소년

- 노란색 : 務實
- 붉은색 : 力行
- 흰색 : 忠義
- 푸른색 : 勇敢
- 기러기 : 선비 士와 協同

홍사단기

> "본 단의 목적은 무실 · 역행으로 생명을 삼는 충의 남녀를 단합하여 정의情誼를 돈수하고, 덕 · 체 · 지, 삼육三育을 동맹 수련하여, 건전한 인격을 작성하고 신성한 단결을 조성하여, 우리 민족 전도 대업 기초를 준비함에 있음."

홍사단의 약법은 '허위에서 진실로', '부허에서 착실로', '공론에서 실행으로', '무정에서 유정으로', '분리에서 합동으로'라는 도산의 민족성 개조 방향이 담겨 있음은 물론, 지식 축적에 앞서 건전한 정신과 건강한 육체를 강조하는 도산의 교육철학이 그대로 반영된 것이다. "덕이 없는 자의 지知는 악의 힘이 되고, 건강이 없는 자의 지知는 불평밖에 되지 못한다"는 것이 도산의 생각이었다고 도산의 측근 인사로 도산의 전기를 집필한 이광수는 전하고 있다.

이광수[13]는 "홍사단은 도산 안창호의 필생의 사업이요, 그의 민족운동의 기본이론이며 실천이다"라고 기술하고 있다. 홍사

13 이광수, 『도산안창호』, 도산안창호기념사업회, 1947.

리더십 교육자, 도산

학교 설립

- 점진漸進학교 : 1899년
- 대성大成학교 : 1908년
- 동명東明학원 : 1924년

리더십 훈련단체 조직

- 청년학우회 : 1909년
- 흥사단興士團 : 1913년
- 이상촌理想村 구상 : 1923년 이후

리더십 실천단체 조직

- 공립公立협회 : 1905년
- 신민新民회 : 1907년
- 대한인국민회 : 1912년

단은 엄격한 선정과 서약과정을 거쳐 단원을 확정하였으며, 단원로서의 품위를 떨어뜨린 경우에는 즉각 자격을 상실토록 하는 등 단원들의 품위 유지를 위해서도 노력하였다. 홍사단기에 표시된 기러기는 단결과 정의돈수情誼敦修를 뜻하는 것으로 홍사단이 추구하는 리더십의 상징이기도 하다.

4
리더십 실천가, 도산

예수, 석가모니, 공자 같은 세계적 성인들을 제외하고, 리더의 자질을 설파하고 리더를 양성해 나가면서 스스로 리더의 요건을 몸소 실천한 이는 매우 드물다. 특히, 도산과 같이 현실정치 일선에서 각종 대소사를 처리해야 하는 상황에서 무실, 역행, 주인의식, 협동, 정의돈수 등의 정신을 그대로 실천한다는 것은 거의 불가능에 가까운 일인지도 모른다. 그러나 도산은 자신이 리더의 자질로서 강조한 원칙들을 몸소 실천한 보기 드문 정치인이라고 할 수 있다.

그 중에서도 무실務實정신은 도산이 평생 생활신조로 삼은 원칙이다. 도산은 타고 난 연설솜씨를 발휘하여 독립운동자금 갹출의 모든 책임을 지면서도, 이승만 등 다른 정치인들과는 달리

자금의 유용에 관한 의심을 받지 않았다. 또한, 도산은 오랜 기간 부인과 따로 살면서도 '이성異性문제'로 물의를 일으킨 적이 없다. 상해 임시정부 시절 도산은 어느 날 밤 평소 도산을 흠모하던 여인이 도산의 방에 들어왔을 때 "무엇을 찾소? 책상 위에 초와 성냥이 있으니 불을 켜고 보오"라는 말로 내보낸 사실이 나중에 여인 자신의 고백을 통해 세상에 알려진 일화도 있다.[14] 그 여인은 "나는 조국을 애인으로 하고 조국을 남편으로 하겠습니다"라고 도산에게 맹세하고 유럽으로 유학의 길을 떠났다고 이광수는 전한다.

도산은 대성학교에서 학생을 훈육할 때에도 성실을 무척 강조하였으며, 성실성 측면에 문제가 제기되는 학생에 대해서는 언제나 단호하게 대처하였다고 한다. 언젠가 대성학교 학생 하나가 그의 결석사유서에 다른 사람의 도장을 찍고 이를 손가락으로 비벼서 마치 자신의 도장인 것처럼 위조한 사건이 발생하자, 도산은 교직원 전체의 반대에도 불구하고 이 학생을 제적처분하였다고 이광수는 전한다. "대성학교에는 속이는 학생을 용납할 수 없소, 원컨대 우리나라가 속이는 사람을 용납하지 않는 날이 오게 하고 싶소"라는 것이 당시 도산의 말이었다고 한다. "죽더라도 거짓이 없어라", "농담으로라도 거짓을 말아라", "꿈에라도 성실을 잃었거든 통회하라"라는 등의 어록은 도산이 대성학교 학생들에게 자주 들려준 말들이다. 도산은 '약속을 지키는 것', '시간을 지키는 것' 모두가 무실務實을 생활화하는

14 이광수, 전게서.

도산이 프랑스 경찰에 의해 체포된 이유필의 집

것이라고 믿었고, 이를 학교운영에 철저히 반영한 것이다.

도산은 자신이 직접 관여하지도 않은 윤봉길 사건으로 프랑스 경찰에 의해 체포되었다. 이는 당시 윤봉길 사건으로 시국상황이 긴박하였는데도 불구하고, 도산이 당시 한인 회장으로 윤봉길 사건에 연루된 이유필의 아들 이만영에게 소년동맹 주최 행사비용으로 2원을 주기로 한 약속을 지키기 위해 이유필의 집을 방문하였기 때문이라고 시인이자 정치가였던 주요한[15]은 기술하고 있다. 이는 비상시국 상황에서도 소년과의 약속을 중히 여기는 도산의 진면모를 잘 알 수 있는 일화라 하겠다.

도산은 역행力行정신을 꾸준히 실천한 정치인이다. 도산은 당시 사회현실이 자신에게 구체적 행동을 요구하였을 때 한 번도

15 주요한, 『안도산전서安島山全書』, 범양사, 1990.

필리핀 이상촌 후보지

주저한 적이 없으며, 평생 묵묵히 자신이 해야 할 일들을 행동으로 옮긴 진정한 실천가이다.

이를테면 20세의 어린 나이에 고향에서 개간사업을 하였고 점진학교를 설립한 것을 비롯하여, 미국으로 유학을 떠나서도 당시 참담했던 한인사회를 새롭게 하기 위해 한인회를 조직하여 한인 근로자들의 의식을 고취시키고, 그들의 경제적·정치적 입지를 강화하기 위해 정작 자신을 위한 유학의 꿈은 포기하고 각종 사회활동을 전개하였다. 귀국해서도 신민회와 청년동우회를 조직하면서 지도자 양성을 위한 대성학교를 설립함을 물론, 경제자립을 위해 도자기회사와 민족사상 전파를 위한 출판사를 설립하였다. 다시 망명길에 올라서는 리더 양성을 위해 흥사단을 창단하였으며, 상해에서도 임시정부 관련업무 이외에도 동명학교를 설립하였고, 경제공동체이며 사실상 독립전진기지로서의 이상촌理想村 건설 계획을 세우기도 하였다.

도산의 주인의식 정신은 도산으로 하여금 대외적으로 빛나는 자리보다는 조직 전체를 위해 봉사하고 희생하는 일들을 마다하지 않고 수행하는 진정한 '섬기는 리더'로 자리매김 하는 원동력이 되었다. "나는 여러분의 머리가 되려 하지 않습니다. 여러분을 섬기려 왔습니다"라는 도산의 말은 도산의 '섬기는 리더십'을 잘 요약한다고 할 수 있다.

주인의식에 기초한 도산의 섬기는 리더십은 그의 도미 후 유학생활에서도 잘 나타난다. 도산은 미국에서 교육학을 공부하려 했으나 당시 한인 동포들의 무질서하고 나태한 생활에 충격을 받아 공부를 포기하고 이들과 같이 생활하면서, 동포들의 정치적 그리고 경제적 여건 개선을 위해 헌신한다. 그리고 보다 청결한 생활을 하도록 돕기 위해 도산 자신이 교포들의 집을 직접 방문하여 화장실을 청소해 주고, 화단을 만드는 등의 일을 마다하지 않았다. 또한, 오렌지 농장에서의 근무를 독려하기 위해 "우리가 정성스럽게 따는 오렌지 하나하나가 곧 애국하는 길이다"라는 말로 농장에서 일하는 동포들에게 성실을 다할 것을 촉구하였다. 그 결과, 이민 온 한인 노동자들은 미국 농장주들의 신뢰를 얻었고, 보다 나은 처우를 받게 되는 계기가 되었다.

상해 임시정부에서도 도산은 대통령, 국무총리 등 높은 자리는 각각 이승만과 이동휘에게 양보하였다. 정작 본인은 내무총

임시정부 시절 이승만의 환영회를 개최한 도산

장, 노동총판 등의 상대적으로 낮은 직책을 맡으면서 사실상 임시정부를 조직하고 독립운동의 종합적 전략을 수립함은 물론, 미주 한인회 등을 통해 정치자금을 모금하는 등의 중요하고도 어려운 임무를 도맡아 수행하였다. 도산은 1907년 29세의 젊은 나이에 당시 일본의 최고통치자라 할 수 있는 이토 히로부미로부터 내각을 조직하여 혁신정치를 해보라는 제의를 받았으나, 일본의 계략에 넘어가 이용당하는 것이라 판단하여 이를 거절하였다고 주요한[16]은 전하고 있다. 명예욕이 많은 정치인이라면 거절하기 어려울 수 있는 제의를 도산은 국익 차원에서

16 주요한, 전게서.

과감히 거절하였고, 당시 이를 받아들이자고 주장한 이갑 등 다른 동지들을 설득하였다.

도산의 '섬기는 리더십'은 도산과 이승만과의 관계에서도 여실히 드러난다. 도산은 이승만의 훌륭한 가문과 학벌 등의 강점을 인정하고 그를 독립운동의 최고지도자로 섬겼다. 도산은 이승만을 임시정부의 수반으로 모셨고, 당시 젊은 인사들의 이승만에 대한 불만을 가라앉히기 위해 부단한 노력을 경주하였다. 반면, 이승만은 도산의 대한인국민회 조직활동에 대해 시기했으며, 하와이 지회가 탈퇴하도록 유도하여 분열을 조장하였다. 이에 더해, 이승만은 안창호를 자신의 정치 라이벌로 인식하여 그를 공산주의자라고 미국정부에 고발하였으며, 그 결과 도산은 미 국무성으로부터 수사 대상이 되기도 하였다. 심지어 상해에서 프랑스 경찰이 도산의 신병을 일본에 넘겨준 것도 도산이 공산주의자라는 오해에 기인했다는 주장도 있다.[17] 도산의 '섬기는 리더십'과 이승만의 '권위주의적 리더십' 간이 극명한 대조를 이루는 대목이 아닐 수 없다.

리더십 전문가 켄트 키스Kent Keith[18]는 리더십을 '조직원들을 섬기는' 서비스 모델service model과 '조직원들을 힘으로 지배하는' 파워 모델power model로 분류하고 있다. 파워 리더십 개념은 일찍이 마키아벨리Machiavelli의 『군주론』에서 개념화된 것으로,

17 Chang, Roberta, "*Syngman Rhee, Riots, KNA Assets and Ten Court Cases in Hawaii*", 도산학회 주최 Bridging the Pacific 심포지엄, 2008. 8.

18 Keith, Kent, *The Case for Servant Leadership*, Greenleaf Center for Servant Leadership, 2008.

이승만과 안창호가 숙박한 리들리 시 버거스 호텔의 현재 모습

15세기 당시 유럽에서의 살벌한 정치세계에서 살아남기 위해 개발된 리더십 이론이다. 마키아벨리는 "사랑받는 지도자가 되는 것보다 두려움을 받는 지도자가 되는 것이 더 낫다"고 말했다. 동양의 『군주론』이라 할 수 있는 『한비자韓非子』 역시 "현명함과 지혜로움은 뭇사람들을 복종시키기에 족하지 않지만, 권력과 지위는 현명한 사람조차 굴복시키기에 족한 것이다"라고 기술하고 있다. 켄트 키스는 파워 모델의 문제점으로 권력의 사용보다는 권력의 쟁취를 강조하고, 성공의 척도를 조직 전체의 이해보다는 누가 권력을 잡느냐에 두며, 권력 집단 간의 갈등을 조장한다는 등의 사실을 지적하고 있다.

반면, 서비스 모델은 도덕적 기반을 갖고 있고, 권력은 조직원 전체의 이익 증진을 위한 수단에 불과하며, 서비스 리더에게 권력은 추구의 대상이 아니라 일종의 '선물gift'로 주어지는 것에 불과하다는 것이다. 따라서 일반 대중은 당연히 서비스 리더를 선호하게 되며, 서비스 리더십이 성립되려면 당사자들 간에 '사랑love'이 있어야 한다고 서번트 리더십의 창시자라 할 수 있는 그린리프Greenleaf[19]는 지적하고 있다. 결국, 도산의 애기애타 정신이 서비스 리더십의 바탕이라는 것이 그린리프의 주장인 것이다.

이러한 기준으로 살펴볼 때, 도산 리더십은 서비스 리더십이고, 이승만 리더십은 파워 리더십의 대표적 사례라고 할 수 있을 것이다. 이승만 등 파워 리더들은 현실 정치에서 성공하여 권력자가 되는 경우가 많으나, 국민들로부터 존경과 사랑을 받는 경우는 드물다. 그러나 도산 등 서비스 리더들은 비록 현실 정치에서 권력을 잡는 데에는 어려움을 겪었다 하더라도, 국민들로부터 당대는 물론 후세까지도 존경을 받고 있다. 도산은 현실 정치에서 온갖 궂은일은 도맡아 하였으나, 결국 임시정부의 모든 직책에서 물러났다. 또한, 자신이 관련되지도 않은 사건으로 인해 구속되었고, 결국 건강 악화로 조국의 독립도 보지 못하고 서거하였다. 링컨, 간디, 마틴 루터 킹 같은 지도자들도 모두 서비스 리더로서 많은 업적에도 불구하고, 결국 반대세력에 의해 암살로 세상을 떠나게 되었다. 그러나 이들 모두 당대에는 물론이고 후세에서도 많은 사람들로부터 존경의 대상이

19 Greenleaf, Robert, *The Servant as Leader*, Greenleaf Leadership Center, 1970.

파워 리더십과 서비스 리더십의 비교

파워 리더십	서비스 리더십
조직원을 힘으로 지배	조직원을 섬김
권력의 쟁취 강조 (힘의 작동원리)	권력의 사용 강조 (사랑의 작동원리)
권력자의 이익 우선	조직 전체의 이익 우선
권력집단 간 갈등	권력집단 간 화합
권력자에 대한 불신	권력자에 대한 신뢰
이승만	안창호

되고 있다.

도산은 자신이 강조한 '합동'을 실현시키기 위해 부단히 노력한 정치인이기도 하다. 그는 상해 임시정부 시절 우파와 좌파 간의 화합과 통합을 위해 최선을 다하였다. 많은 사람들의 반대에도 불구하고 도산은 우파의 거두 이승만과 좌파의 거두 이동휘에게 각각 대통령과 국무총리라는 임시정부 최고위직을 맡기고, 이들이 함께 일할 수 있는 분위기를 만들기 위해 심혈을 기울였다. 그러나 이러한 노력에도 불구하고 두 정치가들의 갈등이 깊어지게 되자 도산은 임시정부에서 스스로 사임하면서, 국민대표회의를 개최하고 대독립당을 결성하여 독립운동 제 세력의 통합을 다시 시도하였다. 당시 일본으로부터 독립을 쟁취해야 하는 긴박한 상황에서 이념보다는 민족의 통합이 우선한다는 확고한 신념을 가진 도산은 우파와 좌파 간의 '합동'을 도

도산이 말년에 기거한 송태산장 내부 서재

모한 것이다. 그러나 좌우 합동의 실패는 결국 해방 이후 한반도를 남북으로 갈라지게 하였으며, 6 · 25라는 민족상쟁의 비극마저 초래하였다.

도산은 당시 한국이 무정無情한 사회임을 한탄하면서 이를 유정有情한 사회로 만들기 위해 부단히 노력하였다. 도산은 '스마일smile'이라는 말을 매우 좋아했다고 한다. 도산이 미국에서 가장 감명 깊게 느꼈던 것은 모르는 사람을 만나서도 언제나 웃는 모습으로 대하는 서양인들의 태도였던 것 같다. 도산은 말년에 머물렀던 송태산장 입구에 문을 세우고 '빙그레'라는 간판을 붙일 계획이었다고 한다.[20] 도산은 "동지에게 주는 글"에서 "왜

20 이광수, 전게서.

도산 비문

우리 사회는 이렇게 차오. 훈훈한 기운이 없소. 서로 사랑하는 마음으로 빙그레 웃는 세상을 만들어야 하겠소"라고 호소하였다. 도산은 "언제나 사랑으로 사람들을 대했다接人以愛"는 것이 도산을 가까이 모신 이광수가 도산의 묘비에 쓴 내용이다.

도산의 동지들에 대한 사랑은 많은 일화를 남기고 있다. 도산이 독립운동의 동지인 이갑이 시베리아에서 병들어 눕자, 미국에서 노동으로 저축한 돈을 몽땅 보낸 것은 잘 알려진 사실이다. 또한, 도산은 상해에서 선배인 이동녕과 이시영에게 자주 문안을 가 주방에서 반찬을 챙겨 주었고, 피천득, 윤현진 등의 동지들이 병상에 있을 때 찾아가 간호하면서 병원비도 마련해 주었다고 한다. "도산 선생은 우인의 가정 방문을 게을리 아니하시었고, 동지들과 친절히 담론하기를 좋아하셨다. 때로는 장기 바둑에도 취미를 붙였다. 누구나 선생을 만나면 참다운 인간미가 용솟음을 느낄 수 있었다."[21] 이는 상해 시절 동지 최희송의 회고담이다. 이광수가 직접 쓴 도산 비문은 도산의 인간됨을 잘 묘사해 주고 있다.

21 주요한, 전게서.

"배우기를 싫어하지 않아 學不厭
물리를 캐고 지혜를 기름은 格物致知
조국을 회복하기 위함이요, 欲復祖國
가르침에 게을리 아니하여 誨不倦
덕을 세우고 말을 세움은 樹德立言
이 백성을 섬기기 위함이라. 爲事斯民
곧아서 거짓이 없고 直無僞
사람을 접함에 사랑으로 하니 接人以愛
봄바람의 화기가 돌며, 春風和氣
공무를 함에 사사로움이 없고 公無私
일을 지음에 정성으로 하니 作事以誠
가을 서릿발의 위엄이라." 秋霜嚴威

_ 도산 비문, 이광수 지음

서재필은 도산 안창호의 서거 소식을 듣고 『신한민보The New Korea』에 도산의 인품에 대해 다음과 같이 말하고 있다.

"개인적으로 안창호는 높은 도덕성을 가졌고, 조직화 업무에 탁월한 역량을 가진 사람이었습니다. 사고와 행동은 이상주의적이었지만, 인간 생활의 실질적인 측면들을 간과하지 않았습니다. 그는 항상 친구들과 우애가 깊었지만, 그가 신성하다고 여기는 원칙들을 위반한 사람에게는 절대 참지 않았습니다. 그는 착한 마음씨를 가졌지만, 원칙과 타협하지 않았습니다."

"안창호는 대학을 졸업하지 않았지만, 학교 경험을 통해 많은 것을 배웠습니다. 그의 지혜, 용기 그리고 자기 통제는 대학졸업

서재필과 도산(1925)

장을 가진 일반적인 사람들을 능가합니다. 그의 고결함과 이타적인 마음은 가장 훌륭한 성격입니다. 시련과 역경 속에서 인내하는 법을 배웠고, 신의 최후의 심판에 대한 그의 믿음은 확고하였습니다."

리더십 실천가, 도산

무실역행務實力行

- 도덕적으로 허물이 없었다.
- 거짓에 단호히 대처하고, 어린이와의 약속도 소중히 지켰다.
- 언제나 필요한 행동을 실천에 옮겼다.

주인의식과 합동

- 남의 화장실을 청소하고 오렌지를 같이 따는 등 어려운 일을 솔선수범하였다.
- 높은 자리는 남에게 양보하고, 본인은 어려운 일만 도맡았다.
- 좌파와 우파 간의 화합과 통합을 위해 부단히 노력하였다.

정의돈수情誼敦修

- 'smile'과 '빙그레'라는 말을 좋아했다.
- 남의 말을 경청하고 남을 배려하였다.
- 동지 이갑의 병간호를 위해 저축금 모두를 보내는 등 주변 사람들을 사랑으로 대하였다.

사 랑 그 리 고 나 눔

제 2 장

애기애타 리더십의 10가지 요소

도산이 가족에게 보낸 친필 유묵(1930년대 초)

앞 장에서 살펴본 대로, 도산의 리더십 개념은 현대적 의미에서의 리더십에 관한 필수적인 사항들을 거의 모두 망라하고 있다. 리더십에 관한 문헌을 살펴보면, 리더십의 구성요소를 크게 자기관리, 대인관계, 조직관리의 세 가지 분야로 분류할 수 있다. 따라서 제2장에서는 이러한 일반적인 분류에 애기애타愛己愛他의 주제인 사랑을 대입하여 도산의 리더십을 자기사랑愛己, 타인사랑愛他, 조국 또는 조직사랑愛國의 영역으로 나누어 보다 구체적으로 살펴보고자 한다.

도산의 애기애타 리더십을 구성요소 별로 다음과 같이 10가지로 분류할 수 있다. 자기사랑 부문에서 ① 자기성찰과 자아발견, ② 꿈과 목표설정, ③ 무실務實, ④ 수양과 훈련, 또한 타인사랑 부문에서 ⑤ 역행力行, ⑥ 주인의식, ⑦ 정의돈수情誼敦修, 그리고 조국 또는 조직사랑 부문에서 ⑧ 변화, ⑨ 협동, ⑩ 통합이 그 내용이다.

애기애타 리더십의 10가지 요소

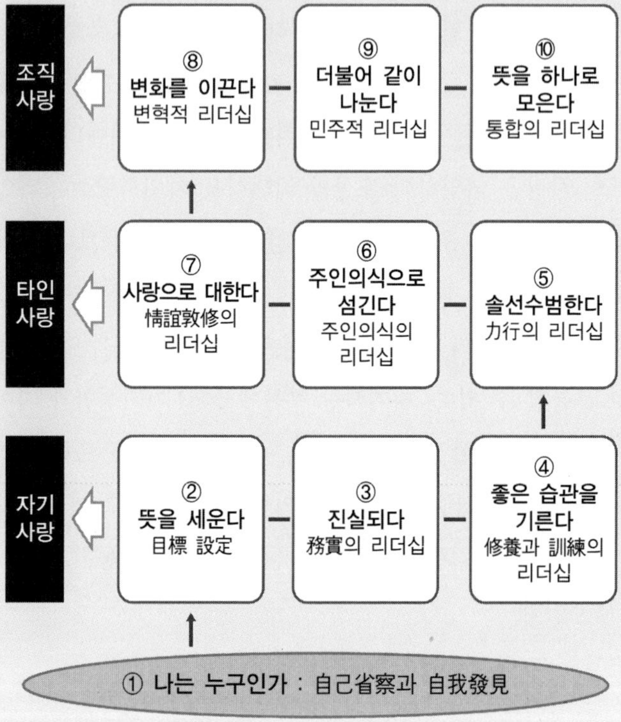

1
자기사랑愛己

도산 안창호는 모든 일은 자기 자신에서부터 시작한다는 평범한 진리를 매우 강조하였다. 도산의 궁극적인 목적은 민족성을 개조하여 일본으로부터의 독립은 물론 경제적으로 번영을 누리고 세계인으로부터 존경 받는 조국을 만드는 것이나, 이를 위해서는 한국인 각자가 자신을 개조하려는 노력을 부단히 해야 한다고 굳게 믿었다.

> "우리 민족 전체를 개조하려면 그 부분의 각 개인을 개조하여야 하겠고, 각 개인을 다른 사람이 개조하여 줄 것이 아니라 각각 자기가 자기를 개조하여야 한다."
>
> _ 도산 안창호, 국민생활 개조를 주장한 연설

자기사랑愛己

도산 안창호는 모든 일은 자기 자신에서부터 시작한다는 평범한 진리를 강조

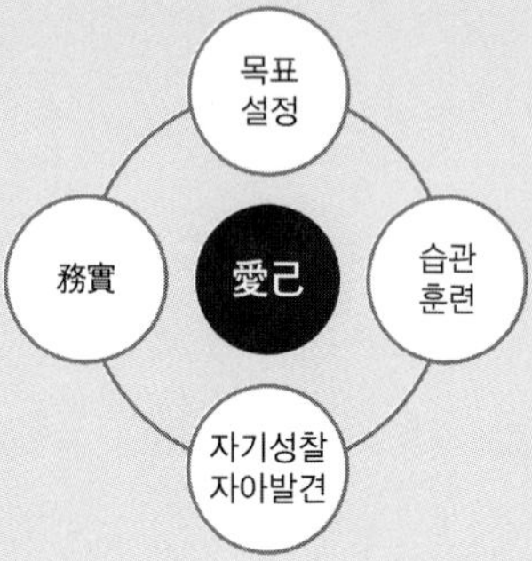

① 나는 누구인가 : 자기성찰과 자아발견

인생의 주인공은 다른 사람이 아닌 바로 나 자신이다. 나를 이해하지 못하면서 남을 이해할 수 없고, 나를 사랑하지 않으면서 남을 사랑할 수 없기 때문이다. 그래서 리더십 개발 역시 자기 자신을 발견하는 데에서 시작하여야 한다.

나는 어떤 사람인가? 나의 장점은 무엇이고, 단점은 무엇인가? 나는 무엇을 소중하게 생각하는가? 나는 어떤 사람이 되고 싶은가? 이러한 기본적인 질문에 대한 답을 스스로 찾아내야 하는 것이다. 많은 사람들이 자신을 잘 안다고 생각하나 실제는 그렇지 않은 경우가 많다.

자기 자신을 알기 위해서는 자신에 대한 깊은 성찰이 있어야 한다. 그리고 남들에게 자신이 어떻게 비쳐지고 있는지를 아는

것 역시 중요하다. 자기 자신에 대한 철저한 이해와 성찰이 먼저 이루어져야 자신의 장점을 살리고 단점을 줄여나가는 학습과 훈련을 시작할 수 있기 때문이다.

이러한 자기성찰을 통해 자신의 소중한 가치관을 알게 되면, 이를 바탕으로 인생의 목표를 바로 세울 수 있고 자기 자신의 목소리도 낼 수 있을 것이다. 우리는 가치관을 통해 할 일과 하지 않을 일을 결정하기 때문에 가치관은 모든 행동의 지침이 된다. 또한, 분명한 가치관은 자신을 넘어 다른 사람들과 공동체 전체에 대한 배려와 헌신도 이끌어낼 수 있다. 따라서 자신의 소중한 것을 알아내고 가치관을 바로 세우는 것이야 말로 리더십을 기르는 시작이며 기본이 되는 것이다.

도산은 당시 한민족이 처한 불행한 상황에 대한 해답을 철저한 자기성찰을 통해 찾아보고자 하였다. 그래서 도산은 조선이 일본의 식민지로 전락한 것은 우리가 힘이 없기 때문이라는 결론에 도달하였고, "힘을 기르소서"라고 끊임없이 호소하였다. 한국 민족이 힘을 가지려면 인재 양성이 최우선이라는 인식 하에, 도산은 평생 인재와 리더 양성을 위해 온갖 노력을 경주한 것이다.

또한, 도산은 한민족의 여러 가지 취약점을 발견하고 민족성 개조운동을 전개하였다. 민족성이 바뀌려면 민족을 구성하는 개개인 모두가 바뀌어야 하기 때문에 모든 이들에게 '인격 개조'를 주창하게 된 것이다. '허위에서 진실로', '부허에서 착실로', '공론에서 실행으로', '무정에서 유정으로', '분리에서 합동으로' 등은 도산이 바라는 우리 민족성의 개조 방향이었던 것이다.

나는 누구인가, 자기성찰과 자아발견

- 자신의 소중한 것을 알아내고 가치관을 세우는 것은 리더십을 기르는 시작이다.
- 도산이 추구한 인격개조의 방향과 새로운 가치관
  ① 허위에서 진실로
  ② 부허에서 착실로
  ③ 공론에서 실행으로
  ④ 무정에서 유정으로
  ⑤ 분리에서 합동으로

또한, 무실務實, 역행力行, 주인의식, 합동, 정의돈수情誼敦修 등은 모두 새로운 시대를 이끌어 갈 새로운 인재들이 갖추어야 할 새로운 가치관이라고 도산은 판단하였다.

② 뜻을 세운다 : 꿈과 목표 설정

'작은 꿈은 꾸지도 마라'고 한 독일의 문호 괴테의 말을 빌지 않아도 사람은 자기가 마음먹은 만큼 행복해진다고 한다. 이와 마찬가지로, 큰 뜻을 세운 사람은 큰 인물이 되고, 작은 뜻을 세운 사람은 작은 인물이 되는 것이다.

1953년에 미국의 명문인 예일대학교 학생을 상대로 인생목표에 관한 설문조사를 실시하여 타임캡슐에 넣었다가 30년이 지난 다음 개봉해 보았더니 그 결과는 매우 충격적이었다고 한다.

조사대상 중 목표를 설정했던 사람들은 경제적으로나 사회적으로 상위 5%에 속하는 삶을 살고 있었던 반면, 대학 시절 목표 설정을 하지 않았던 사람들의 80% 이상은 예일대학교를 졸업했음에도 불구하고 그저 그런 평범한 삶을 살고 있었다. 이를 통해 우리는 성공한 인생과 실패한 인생과의 차이가 목표를 설정하고 그것을 행동으로 옮겨 실천하는 데 있음을 잘 알 수 있다.

'꿈을 꾼' 마틴 루터 킹 목사

마틴 루터 킹Martin Luther King은 "언젠가 나의 어린 네 명의 아이들도 피부색이 아니라 그들의 인격으로 판단되는 나라에 살게 될 것"이라는 꿈을 꾸었다. 그는 그의 꿈을 생전에는 이루지 못하고 그를 반대하는 세력의 총탄에 맞아 숨졌다. 그러나 마틴 루터 킹의 원대한 꿈은 40여 년이 지난 2008년 11월 5일 버락 오바마Barack Obama가 미국 대통령에 당선됨으로써 이루어졌다. "미국이 과연 모든 걸 이룰 수 있는 곳인지에 대해 의문을 제기하는 이들이 있다면 오늘 밤 그 답이 나왔습니다." 오바마 대통령 당선자의 시카고 그랜트 공원에서의 연설 내용이다.

도산 안창호 역시 원대한 꿈을 가졌다. 그의 꿈은 우선 대한의

'꿈을 이룬' 버락 오바마 대통령

독립을 얻는 것이었다.

"대한민족 전체가 대한의 독립을 믿으니 대한이 독립할 것이요, 세계의 공의가 대한의 독립을 원하니 대한이 독립될 것이요, 하늘이 대한의 독립을 명하니 대한은 반드시 독립할 것이다."

_ 도산 안창호, 옥중에서 일본 관헌에게

도산은 생전에 조국의 독립을 보지 못하고 아쉬운 일생을 마감하였다. 그러나 도산이 그리던 독립의 꿈은 도산 사후 7년 만에 이루어졌다. 도산의 예측대로 대한민족 전체는 물론 세계의 공의公義가 대한의 독립을 원했기 때문에 하늘이 대한의 독립을 이루어 준 것이다. 도산은 조국의 독립 이외에도 또 다른 큰 꿈이 있었다.

"세계 어느 큰 도시에나 태극기를 날리는 우리 민족의 대상관大商館이 있을 것이오, 태극기는 그 상품의 우수함과 절대 신용의 표상이 될 것이요, 지금은 내가 한인이라고 하기를 부끄러워하는 형편이거니와, 그날에 '코리안'이란 말은 덕과 지혜와 명예를 표상하는 말이 될 것이요, 이 위대한 영광을 만드는 것은 오직 우리 자신의 수양과 노력이오."

_ 도산 안창호, 청년들에게 한 연설

도산의 두 번째 꿈은 당시 상황으로는 실로 원대하고 실현가능성이 희박하다고도 생각할 수 있는 것이었다. 경제대국으로의 한국과 세계인으로부터 존경 받는 한국인을 꿈꾼 것이다. 그로부터 80여 년이 지난 지금 도산의 두 번째 꿈 역시 이루어지고 있다. 한국은 경제선진국이 되어 OECD와 G20의 일원이 되었으며, 2010년에는 G20의 의장국으로 금융위기 이후의 새로운 세계경제 질서를 만드는 지도적 국가로 부상하게 된 것이다. 이는 미국에서 킹 목사의 꿈이 40여 년 만에 이루어진 것 이상의 감동과 감격을 느끼기에 충분한 일이다.

마틴 루터 킹과 도산 안창호가 가진 꿈의 공통점은 자기 자신의 단기적인 차원의 영달이 아니라 조직 전체에 대한 공헌을 꿈의 구심점으로 삼았다는 것이다. 이렇듯 조직 전체에 대한 공헌에 초점을 둠으로써 비록 작은 일을 통해서도 큰 업적을 거둔 사례는 많다. 어느 병원의 평범한 간호사였던 브라이언의 이야기가 좋은 예가 될 것이다. 브라이언 간호사는 담당 병동에서 환자 간호를 하며 새로운 결정을 내려야 할 때마다 "이 환자를 간호하는 데 있어 모든 최선을 다하고 있는가?"라는 질문을 언제나 스스로에게 하였다고 한다. 그녀가 근무하는 병동 환자들의 회복 속도는 다른 병동의 환자들에 비해 현저히 빨랐다. 세월이 흐르면서 이러한 사실을 뒤늦게 알게 된 병원에서는 언제나 환자를 위해 최선을 다하는 '브라이언 간호사의 규칙'을 병원의 기본철학으로 채택하였다고 한다.[1]

---

1 Drucker, Peter, 『프로페셔널의 조건: 어떻게 자기 실현을 할 것인가 *The Essential Drucker*』, 청림출판, 2001.

도산을 기념하는 도산우체국, 미국 LA

도산을 기념하는 도산광장, 미국 LA

매년 7월 프랑스에서 열리는 '뚜르 드 프랑스' 사이클 대회는 아홉 명의 선수가 한 팀이 되어 23일간 프랑스 전역을 달리는 것으로, 선수들 간의 팀워크가 가장 중요시되는 경기이다. 랜스 암스트롱Lance Amstrons은 1996년 전립선암을 극복하고 이 경기에 도전하여 1999년부터 2005년까지 7연승의 세계기록을 세웠다. 암이 걸리기 전에는 이 경기에서 좋은 성과를 얻지 못한 암스트롱이 이러한 놀라운 업적을 거두게 된 것은 암 환자에게 희망과 용기를 준다는 보다 원대한 비전을 갖고 이 대회에 출전했기 때문이다.

따라서 자신의 꿈과 목표를 설정함에 있어 언제나 자기 자신의 단기적 성과보다는 내가 조직 전체를 위해 무엇을 공헌할 것인가에 초점을 두는 것이 중요하다. 이는 조직 전체의 목표 달성에 대해 스스로 책임지는 것을 의미한다. 20세기 최고의 경영전문가로 알려진 피터 드러커Peter Drucker[2]는 공헌에 초점을 맞추면 지금까지 발휘되지 못했던 자신의 잠재력을 개발할 수 있을 것이고, 수평적 커뮤니케이션이 이루어지면서 팀워크가 가능해지며, 자기계발은 물론이고 다른 사람들이 자기계발을 할 수 있도록 도와주는 역할도 하게 된다고 이야기한다. 도산은 조직 전체에 대한 공헌에 대의를 두었기 때문에 그의 꿈이 장기적으로 이루어지는 기적이 일어날 수 있었으며, 오늘날에도 많은 이들에게 인생의 스승으로서의 귀감이 되고 있는 것이다.

뜻을 세움에 있어 또 하나 중요한 것은 자신감과 긍정적 사고를 갖는 것이다. 자신감은 긍정적인 생각에서 비롯되기 때문에 자신감과 긍정적 사고는 동전의 양면과 같다. 그러기 위해서는 무엇보다도 '나는 잘될 것이다'라는 긍정적 마음을 갖는 것이 중요하다. 매일매일을 새로운 기분으로 시작하고, 자신이 세운 목표를 향해 계속 전진하는 것이다. 스스로의 잠재력을 과소평가하지 말고, 비난의 목소리로 인해 힘을 잃어서는 안 된다. 혹시 실수를 하더라도 좌절하지 말고 실수로부터 배우는 마음가

2 Drucker, Peter, 전게서.

짐을 가져야 하는 것이다. 이런 긍정적인 생각에 온 정신을 집중한다면 처음에는 불가능해 보이던 일도 이루어낼 수 있는 것이다.[3]

도산은 긍정적 사고의 표상이었다고 할 수 있다. 그는 주위 사람들이 대한의 독립이 불가능하다는 비관적 견해를 피력할

愛 | 己 | 愛 | 他 | P | O | I | I | N | T

뜻을 세운다, 꿈과 목표설정

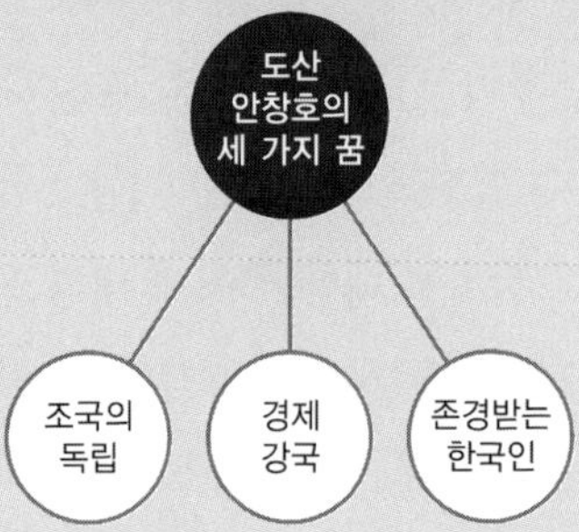

- 사람은 자기가 마음먹은 만큼만 행복해진다고 한다. 마찬가지로, 큰 뜻을 세운 사람은 큰 인물이 되고, 작은 뜻을 세운 사람은 작은 인물이 된다.
- 꿈과 목표를 설정함에 있어 단기적 성과보다는 공헌에 초점을 둔다.
- 자신감은 긍정적인 생각에서 비롯된다. 자신감과 긍정적 사고는 동전의 양면과 같다.
- 공헌과 긍정적 사고에 대한 도산의 말
  ① 진리는 반드시 따르는 자가 있고, 정의는 반드시 이루는 날이 있다.
  ② 낙망은 청년의 죽음이요, 청년이 죽으면 민족이 죽는다.
  ③ 나는 밥을 먹어도 대한의 독립을 위해, 잠을 자도 대한의 독립을 위해서 해왔다.

3 Osteen, Joel, 전게서.

때마다 오히려 이들을 위로하고 격려하였다. 한국이 힘을 길러 독립을 쟁취하는 것이 마땅하나, 이와는 별개로 일본의 한국 식민지화는 불의한 일이기 때문에 반드시 무너지고 말 것이라는 확고한 신념을 도산은 잃지 않았던 것이다. 이러한 도산의 긍정적인 사고는 어떠한 어려운 상황에서도 조국의 독립을 위해 해야 할 일들을 꾸준히 실천해 나가는 원동력이 된 것이다.

③ 진실되다 : 무실務實의 리더십

도산은 정직을 자기사랑의 첫 번째 덕목이라고 굳게 믿었다. 그래서 그는 무실務實이라는 단어를 즐겨 사용했고, 이를 후진들에게 가르쳤으며 또한 몸소 실천하려고 부단히 노력하였다.

'나를 따르라'가 아니라 자발적으로 리더를 따르게 하는 데 있어 기본은 신뢰다. 자신이 신뢰할 수 없는 리더를 따르는 사람은 없기 때문이다. 다른 사람들의 신뢰를 얻기 위해서는 자신이 한 약속은 반드시 지키는 성실성, 자신이 말 한대로 행동하는 언행일치, 그리고 어떤 일이 있어도 정도를 벗어나지 않는 일관성이 있어야 한다. 그러나 이러한 것들은 다른 사람이 가르쳐 줄 수 있는 것이라기보다는 스스로 배우고 깨우쳐야 하는 것이다.

이러한 사실은 리더십에 대한 실증적 연구를 통해서도 분명히 밝혀지고 있다. 앞에서도 언급한 바와 같이, 코제스와 포스너[4]는 지난 20년간 전 세계 7만 5천 명을 상대로 '존경 받는

정직은 존경받는 리더의 첫 번째 특성

특 성	2007	1987	특 성	2007	1987
정 직	89	83	협조성	25	25
선견지명	71	62	용 기	25	27
영감 부여	69	58	결단력	25	17
역 량	68	67	배 려	22	26
지 성	48	43	상상력	17	34
공명성	39	40	원숙함	15	23
솔직함	36	34	야 심	16	21
관 용	35	37	충성심	18	11
지 원	35	32	자기 절제	10	13
든든함	34	33	자립심	4	10

자료 : 전 세계 7만 5천 명 대상 설문조사, Kouzes & Posner.

리더의 특성'을 조사한 결과, '정직'이 리더의 가장 중요한 덕목이라는 사실을 알아냈다.

구성원들은 무엇보다도 자신들이 믿을 수 있는 리더를 원한다. 정직, 선견지명, 영감 부여, 역량 모두 신뢰받는 리더가 지녀야 할 기본 요소이나 이중에서도 정직이 으뜸인 것이다. 이른바 '말 한대로 행하는' 신뢰할 수 있는 리더가 있는 경우, 조직원들은 강한 공동체 의식을 갖게 됨은 물론 조직에 대해서도 주인의식을 갖게 된다.

역사적으로 잘 알려진 리더들의 대부분은 정직과 신뢰를 으

4 Kouzes & Posner, 전게서.

물레를 돌리는 '위대한 영혼' 마하트마 간디

뜸되는 덕목으로 삼았다. 예를 들어, 20세기 세계 최고의 지도자로 지칭되는 인도의 마하트마 간디는 어려서 수줍음 많고 겁도 많았지만 무척 정직했다고 한다. 인도 학생들은 학교에서 영어를 배워야 했으며, 영국인 장학사로부터 제대로 배우고 있는지 정기적으로 감시받아야 했다. 마침 장학사가 온 날 학생들이 영어 받아쓰기를 했는데 간디가 쓴 낱말 중에 틀린 것이 있었다. 이를 본 선생님이 간디에게 옆 아이 답안지를 보라고 발을 툭 쳤지만 간디는 끝내 그렇게 하지 않았다. 장학사가 돌아간 뒤 선생님이 쓸데없이 고집을 부려 단어를 틀렸다고 간디를 꾸중했다. 하지만 간디는 "남의 답안지를 보고 쓰는 것은 옳지 않다고 생각합니다"라고 말했다. 선생님은 간디를 바보 취급했지만 간디는 자기가 잘못했다고 생각하지 않았다. 옳다고 생각하는 것에 대한 신념을 지켰던 간디의 정신이야말로 훗날 온갖 어려움을 이겨내고 인도의 독립을 이룰 수 있게 했음은 물론, 전 세계인들로부터 존경받는 세계적인 지도자로서 우뚝 설 수 있게 한 토양이 되어 준 것이다.

도산은 미국에 있을 당시 영어를 배우기 위해 초등학교에 입학하려 했으나 나이가 너무 많다는 이유로 거절당했다. 이를 안타깝게 여긴 하숙집 주인이 "당신은 동양 사람이므로 키도 작은데 정직하게 23세라고 하지 말고 17세라고 하라"고 충고하였다. 그러나 도산은 "나로서는 입학을 못하면 말지, 나이를 속일 수 없다"라고 답하여 집주인을 놀라게 했다고 한다. 결국,

新聞의 '老學徒' 記事로
女校長이 退學命令
正直一貫의 先生의 學徒精神
青年學徒時代
安昌浩氏

나이가 많아 미국 학교에서 퇴학당한 당시를 회고하는 도산의 글

도산은 연령 초과를 인정해 준 세 번째 학교에 간신히 입학하여 공부를 할 수 있었다. 도산의 딱한 사정을 알고 입학을 허가한 학교의 교장은 "17세까지 입학을 허가한다는 것은 미국 학생에게 국한된 문제이지 동양 사람에게는 적용되지 않는다"는 '신축적' 유권해석을 내려 정직한 도산에게 공부할 기회를 준 것이다.[5]

기업이 원하는 리더의 조건을 연구한 존 젠거John Zenger[6]는 '품성character'은 성공적 리더십을 구성하는 텐트의 중앙 폴pole이라고 지적하면서, 품성을 이루는 핵심요소는 정직과 신뢰성임

愛 | 己 | 愛 | 他 | P | O | I | N | T

진실되다, 무실務實의 리더십

- 정직과 성실은 리더십의 첫 번째 덕목이다. 자발적으로 리더를 따르게 하는 데 있어 기본은 신뢰이기 때문이다.
- 착실着實에 관한 도산의 방법론
  ① 인과율에 근거하여 명확한 타산하에 정당한 실천계획을 세운다.
  ② 그 목적을 달성하기까지 뜻을 옮기지 않고, 그 순서에 의지하며 각고의 노력을 다한다.
- 무실의 리더십에 대한 도산의 말
  ① 죽더라도 거짓이 없어라.
  ② 농담으로라도 거짓을 말아라.
  ③ 꿈에라도 성실을 잃었거든 통회하라.
  ④ 거짓이여 너는 내 나라를 죽인 원수로구나.
  ⑤ 부허는 패망의 근본이요, 착실은 성공의 기초외다.

5 주요한, 전게서.
6 Zenger & Folkman, *The Extraordinary Leader*, McGraw-Hill, 2005.

을 강조하고 있다. 예를 들어, 성공적 리더십을 이루고 있는 다른 요소들, 즉 개인적 능력, 대인관계능력, 조직변화 선도능력, 성과에 대한 집중력들이 있는데 그중 어느 것 하나가 부실하게 되더라도 텐트는 무너지지 않으나, 중앙 폴 역할을 하는 '품성'이 결여되면 그 텐트는 무너질 수밖에 없다는 것이다.

④ 노력하여 좋은 습관을 기르다 : 수양과 훈련의 리더십

리더는 타고나는 것이 아니라 스스로 만들어진다는 확고한 신념을 바탕으로 도산은 필요한 리더십 소양을 갖추기 위한 수양修養과 훈련의 필요성을 강조하였다. 우선, 도산은 습관의 중요성과 좋은 습관을 기르는 어려움에 대해 다음과 같이 말하고 있다.

> "천병만마千兵萬馬로 쳐 이기는 것은 오히려 쉬우나 내 습관을 이기기는 어려운 일이니, 우리는 이 일을 위해 일생을 노력해야 한다."
>
> _ 도산 안창호

습관이 중요한 것은 사람의 탁월함이 반복적으로 행해지는 행위에 의해 결정되기 때문이다. 따라서 훌륭한 리더가 되려면 좋은 습관을 기르는 노력을 부단히 지속해야만 한다는 것이 동서고금의 성현들은 물론이고 현대적 의미의 리더십 전문가들의 공통된 견해이다.

일찍이 그리스 철학자 아리스토텔레스는 "사람은 반복적으로 행하는 것에 따라 결정되는 존재이다. 따라서 탁월함이란 한 번의 행동이 아니라 바로 습관에서 나오는 것이다"라고 말했으며, 미국 교육의 선구자인 호레이스 만Horace Mann은 "습관은 밧줄과 같은 것이다. 우리는 습관이라는 밧줄을 매일 짜고 있다"라고 말하였다. 이렇듯 습관에 관한 격언 또한 다양하다.

> "우리가 생각의 씨앗을 뿌리면 행동의 열매를 맺고, 행동의 씨앗을 뿌리면 습관의 열매를 얻는다. 습관의 씨앗은 성품을 얻게 되고, 성품은 우리의 운명을 결정짓는다." _ 격언

> "처음에는 우리가 습관을 만들지만, 나중에는 습관이 우리를 만든다." _ 격언

스티븐 코비[7]는 습관에 대해 다음과 같이 말한다.

> "습관은 첫째, 우리가 무엇을 해야 하는지에 관한 인식, 둘째, 어떻게 해야 하는가에 대한 기량, 셋째, 하고 싶어하는 것의 욕구의 세 가지가 합쳐 이루어진다. 예를 들어, 상대방의 말을 경청할 필요성과 그 방법을 알고 있다고 해도 경청하고 싶은 욕구가 없으면 우리는 이것을 우리의 습관으로 만들 수 없을 것이다. 또한, 경청할 생각과 욕구를 갖고 있더라도 그 방법을 잘 모르면 경청하는 습관이 생기기는 어려울 것이다.
>
> _ 스티븐 코비, 『성공하는 사람들의 7가지 습관』에서

7 Covey, Stephen, 전게서.

리더십 교육의 대중화를 선도한 데일 카네기[8]는 상대방의 이름을 잘 기억하는 방법 등 대인관계를 원만하게 이끌어갈 수 있는 습관의 중요성을 강조하였다. 경영학 차원에서 리더십 교육을 활성화시킨 스티븐 코비는 효율적 시간 관리를 통해 소중한 것을 먼저 하는 습관의 필요성을 역설하고 있다. 반면, 도산 안창호는 시간과 약속을 지키는 등의 작은 습관은 물론이고, 거짓말을 하지 않고 상대방을 정과 사랑으로 대하는 등의 보다 근원적인 인성도 꾸준한 수양과 훈련을 통해 습관들일 수 있음

愛|己|愛|他|P|O|I|N|T

노력하여 좋은 습관을 기르다, 수양과 훈련의 리더십

- 리더는 타고나는 것이 아니라 스스로 만들어진다는 확고한 신념을 바탕으로 도산은 필요한 리더십 소양을 갖추기 위한 수양修養과 훈련의 필요성을 강조하였다.
- 습관에 대한 도산의 말
  ① 천병만마千兵萬馬로 쳐 이기는 것은 오히려 쉬우나 내 습관을 이기기는 어려운 일이니, 우리는 이 일에 일생을 노력해야 한다.
  ② 사랑하기를 날마다 힘을 쓰면 그것이 습관이 되리라고 생각합니다. 습習이 성性이 되면 그것이 덕德인가 합니다.
  ③ 거짓말을 잘하는 습관을 가진 그 입을 개조하며 참된 말만 하도록 합시다.
  ④ 게으른 습관을 가진 그 사지를 개조하며 활발하고 부지런한 사지를 만듭시다.

8 Carnegie, Dale, 전게서.

을 강조하고 있다.

"사랑하기를 날마다 힘을 쓰면 그것이 습관이 되리라고 생각합니다. 습習이 성性이 되면 그것이 덕德인가 합니다."

_ 도산 안창호, 흥사단 문답 중에서

2

타인사랑愛他

도산과 비슷한 시대를 살았던 데일 카네기[9]는 '친구를 사귀고 영향력을 얻는 방법'을 설파하여 일찍이 리더십 분야의 세계적인 전문가로 인정받게 되었다. 그러나 도산 안창호는 대인관계에 있어 이보다 더 나아가 '자신을 사랑하듯 남을 사랑하라'는 애기애타愛己愛他 정신을 강조하고 있다. 이는 기독교의 '이웃을 사랑하라'는 철학을 리더십 차원으로 확대 · 발전시킨 것이라 할 수 있다.

앞에서 우리는 도산의 자기사랑愛己이 자기에 대한 냉철한 성찰에서 시작하여 원대한 뜻을 세우고, 이를 실현하기 위해 건전한 마음, 건강한 육체, 그리고 필요한 지식을 갖도록 부단

9 Carnegie, Dale, 전게서.

愛|己|愛|他|P|O|I|N|T

타인사랑愛他

도산 안창호는 '자신을 사랑하듯 남을 사랑하라'는 애기애타愛己愛他 정신 강조

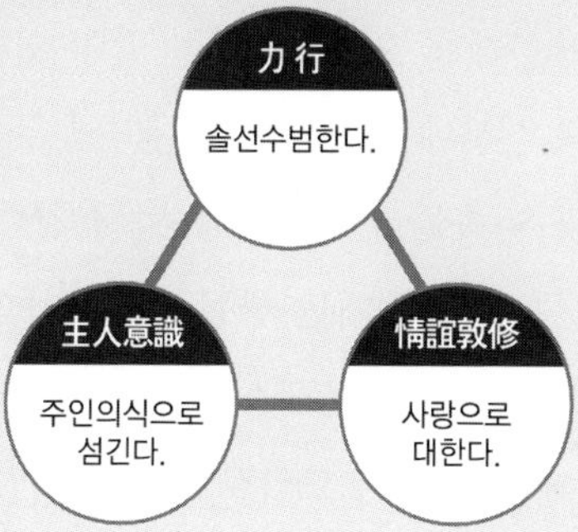

히 수양하고 훈련하는 것을 의미한다는 사실을 알게 되었다. 타인사랑愛他 역시 자기사랑 못지않게 어려운 일로서 남보다 앞서 실천하고, 주인의식으로 남을 섬기며, 그리고 남을 정情과 사랑으로 대하는 것을 의미한다. 자기사랑이 간단치 않듯이, 타인사랑 역시 오랜 기간의 수양과 훈련을 통해서만 이루어질 수 있는 일인 것이다.

⑤ 솔선수범한다 : 역행力行의 리더십

리더는 앞장서 조직을 이끌어 가는 사람이다. 그렇기 때문에 리더가 자신이 조직원들에게 하기를 바라는 일들을 스스로 실천하지 않으면 아무도 그를 따르지 않을 것이다. 이를테면, 사장이

사원들에게 매일 8시부터 출근할 것을 요구하면서 자신은 9시에 나타난다면 그는 사원들로부터 신뢰를 받지 못할 것이다.

'노블레스 오블리주'라는 말이 있다. 이는 프랑스어로 높은 사회적 신분에 따르는 도덕상의 의무를 뜻하는 말이다. 초기 로마 왕과 귀족들이 평민보다 앞서 군대에 가고, 세금을 내는 등의 솔선수범과 절제된 행동으로 국가의 기반을 닦았다는 사실에서 유래되었다. '노블레스 오블리주'가 역사상 가장 오래 지속된 '천년 제국' 로마의 도덕적 기반이 되었다는 것은 잘 알려진 사실이다. 지금도 미국, 영국, 프랑스 등 선진국에서는 이러한 전통을 계승하여, 사회 각 분야에서 리더가 될 인재들에게 솔선수범하는 '노블레스 오블리주' 정신을 심어주려고 노력하고 있다. 영국의 옥스퍼드, 캠브리지, 그리고 미국의 하버드, 예일, 스탠퍼드 등의 명문대는 바로 솔선수범하는 '노블레스 오블리주' 정신을 학생들에게 심어 줌으로써 리더를 양성하는 것을 교육의 첫 번째 목표로 삼고 있다. 지난 3세기 동안 세계 최고 강대국인 영국과 미국의 경쟁력이 바로 이로부터 시작된 것이다.

도산 안창호는 그가 처음 미국에 공부하러 갔을 때 대부분의 한국인들이 비참하게 살아가고 있는 것을 목격하였다. 한국인들끼리 서로 속이고, 별일 아닌 일로 싸우는가 하면 더러운 환경 속에서 살아가는 동포들을 보면서 공부보다 먼저 해야 할 일이 있다고 판단한 도산은 몸소 한국인들이 사는 동네를 구석구석 청소하고 꽃씨를 구해 집집마다 꽃밭을 만들었다. 남을 속이지 않고 신용을 지키는 것의 중요함도 교육하였다. 점차

오렌지 농장 노동자들과 함께한 도산

사람들이 도산을 따르기 시작했으며, 자신들도 모르게 자긍심을 갖게 되었고, 그들의 행동에 자신감이 생겨나기 시작했다. 미국인들도 달라진 한인사회를 지켜보고 감동한 나머지 도산에게 사무실을 빌려주고 한국 사람들을 위한 일거리 주선을 부탁하게 되었다. 도산은 몸소 자신을 던져 다른 사람들에게 일깨움을 주었던 것이다.

역사적으로 보면 개인이 전쟁에서 솔선수범하는 영웅적 행위로 인해 정치인으로 성공한 경우가 많다. 성경에 보면 다윗은 골리앗과의 전투에서 승리하여 왕이 되었다. 미국의 케네디 Kennedy 대통령은 제2차 세계대전 중 허리이상으로 신체검사에 불합격하였음에도 불구하고, 해군에 입대하여 정찰어뢰선PT Boat 함장으로 일본군과 싸웠다. 일본군에 의해 배가 격추되자

수영을 하여 부상병을 인근 섬으로 옮기는 등의 공적을 세워 훈장을 받기도 하였다. 전쟁이 끝나자 케네디는 정치에 뜻을 두게 되었고 1946년 하원의원에 1952년에는 상원의원이 되었으며, 1960년에는 대통령 선거에서 승리하였다. 재임 중 케네디는 미국은 물론 전 세계인으로부터 많은 사랑과 존경을 받았다.

1958년 미국 해군사관학교를 졸업한 존 맥케인John McCain은 베트남 전쟁에 조종사로 참전하였으나 1967년 비행기가 격추되어 중상을 입고 북베트남에서 포로가 되었다. 이 기간 중 고문을 받는 등 많은 고생을 하였다. 북베트남 당국은 맥케인의 아버지가 해군 고위장성이라는 사실을 알고 석방시켜 주겠다는 제의를 하였으나, 맥케인은 이 제의를 다른 동료들과 같이 나가지 않으면 받아들일 수 없다는 이유로 거절하여 결국 5년 6개월간 포로생활을 하였다. 1981년 제대한 후 정치에 입문하여 4년간 하원의원을 하였고, 1986년에는 상원의원에 당선되었다. 2000년과 2008년 두 번이나 공화당 후보가 되어 미국 대통령 선거에 도전하였다.

실천함에 있어 중요한 것은 자신의 강점을 최대한 활용하는 것이다. 사람은 자신의 강점만으로 성과를 올릴 수 있기 때문이다. 탁월한 리더는 약점이 없는 사람이 아니라 뚜렷한 강점을 지닌 사람이라는 것이 많은 연구를 통해 밝혀지고 있다.[10] 또한, 리더들이 갖고 있는 강점은 다 같은 것이 아니라 다양하다는

---

10 Buckingham, Marcus, *Now, Discover Your Strengths*, William Morris Agency, 2002.

것도 잘 알려진 사실이다. 따라서 누구나 각자의 강점을 개선하고 활용하면 리더로서 활약할 수 있다는 사실을 알 수 있다.

약점이 없다고 해서 탁월한 리더가 되는 것은 아니며, 약점이 없는 사람 또한 없다. 리더 역시 약점이 없을 수 없으며 실제로 많은 리더들은 몇 가지 분명한 약점에도 불구하고 자신의 강점을 개선하고 활용함으로써 큰일을 해낼 수 있었던 것이다.

청중의 마음을 사로잡는 연설 솜씨 또한 동서고금을 막론하고 리더의 매우 중요한 자질이 된다. 도산 안창호는 당대 최고의 연설가라고 불릴 정도로 대중연설을 잘했다고 한다. 도산이 약관에 지도자로 부상된 데는 그의 탁월한 연설솜씨에 힘입은 바 크다. 도산은 이러한 자신의 강점을 최대한 활용하여 그가 목표로 하는 조국의 독립을 위해 헌신하였다.

도산의 이름이 당시 관서지방에서 널리 알려지게 된 계기는 평양에서 열린 '쾌재정 연설'이었다. 당시 20세의 청년인 도산은 이 연설에서 18조목의 쾌재快哉와 18조목의 불쾌不快를 설파하였다고 한다.[11] 연설의 구체적인 내용은 전해지지 않으나, 당시 조선이 처한 딱한 정치사회적 상황을 쾌재와 불쾌로 나누어 조목조목 열거한 것으로 전해지고 있다. 도산의 쾌재정 연설을 직접 들은 박재후의 다음과 같은 소감으로 미루어 쾌재정 연설은 도산을 일거에 유망한 정치인 반열에 올려놓는 계기가 되었던 것이 틀림없다.

11 주요한, 전게서.

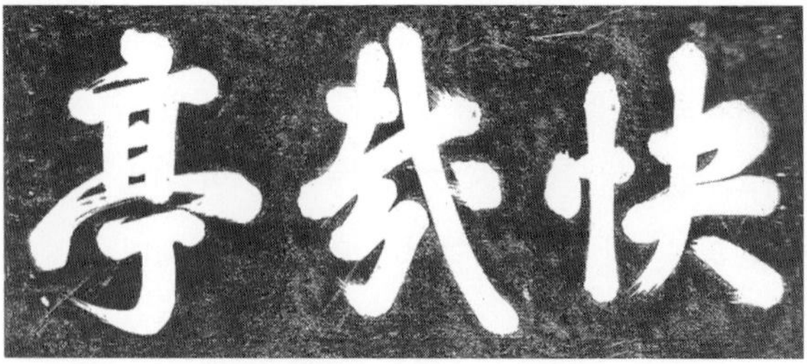

도산이 최초로 연설한 쾌재정의 현판

"안창호는 영웅이래. 연설을 잘한대. 사또와 원님이 혀를 빼고 머리를 들지 못했다는 걸. 성 안 사람들이 안창호 말이라면 장상동지長上同志나 연배남녀年輩男女들까지 그대로 좇는대. 지금 미국에 공부하러 갔는데, 돌아오면 큰일 할 사람이야."

_ 오자일, "내가 본 도산", 『새벽』 1954년 9월호

그 후에도 도산은 1907년 미국에서 귀국한 후 다시 망명하기까지 약 3년간 전국 각지에서 연설을 하였고, 이는 도산을 전국적인 인물로 부각시키는 데 밑거름이 되었다. 또한, 도산은 미국에서 지내는 동안에도 많은 동포를 상대로 연설을 하였고, 이는 도산이 대한인국민회 등 교포조직 활동을 주도할 수 있었던 강력한 수단이 되었을 것이다. 특히, 청중의 심금을 울리는 도산의 연설이 교포사회를 대상으로 독립운동자금을 모집하는 데 크게 기여한 것은 잘 알려진 사실이다.

도산의 전기를 집필했고, 도산 안창호 선생의 첫 제자로 홍사단 활동을 통해 미국에서 활발한 독립운동을 펼쳤던 장리욱[12]은

12 장리욱, 『도산의 인격과 생애』, 홍사단 출판부, 2006.

도산의 연설회에 모인 군중

도산의 연설을 미국의 링컨 대통령과 비교하고 있다. 도산은 일생에 글을 많이 쓰지는 않았지만, 그가 쓴 글은 링컨처럼 모두 명문으로 사람들의 마음을 움직인다는 것이다. 또한, 연설 솜씨에서 두 사람 모두 상당한 수준이었으며, 그 내용도 명문이다. 링컨의 게티스버그 연설과 노예해방선언문이 그랬고, 도산의 '동포에게 드리는 글'과 각종 연설문이 그랬다. 도산의 연설은 흔한 연설투가 아니라 강연식으로 논리 정연하였다. 동시에 도산은 평범한 어휘를 구사하고 구체적 실례를 들어 청중들의 마음을 움직였다. 이광수는 도산의 음성은 "그리 높지도 않고 그리 낮지도 않은 중음계로 깊이가 있고 부드럽고 또 약간 비장조를 띤 것"이라고 묘사하고 있다.[13] 장리욱은 도산 연설의 특징을 철저한 준비, 분명한 메시지, 다른 사람의 말을 경청, 극히

13 이광수, 전게서.

평범하나 독창적인 어휘의 사용 등으로 정리하고 있다. 결론적으로, 도산은 연설에 관한 천부적인 소질을 가짐과 동시에, 그 내용에 대한 철저한 준비를 통해 자신을 당대 최고의 연설가로 자리매김한 것이다. 강점 관리의 좋은 본보기라 할 수 있다.

도산은 연설만 잘한 것이 아니라 남의 이야기를 경청하는 좋은 습관을 갖고 있었다. "도산은 남의 말을 중간에 끊는 일이 없고, 또 산란한 마음으로 듣지 아니한다. 일언일구를 빼어놓지 아니하고 다 귀를 기울여서 듣는다. 그 지식인의 이론이 다 끝나기를 기다려서 도산은 그 이론의 요점, 요점을 들어서 말한 사람에게 질문을 한다." 이는 이광수가 전하는 도산의 경청태도이다.

도산의 전기를 집필한 이광수, 주요한, 장리욱 모두 도산을 합리적 지성인으로 지칭하고 있다. 이는 도산이 남긴 연설이나 글의 내용을 보면 잘 알 수 있다. 도산이 현대식 대학교육도 받지 않았음에도 불구하고 그의 사고가 합리적이라는 것은 연설 능력과 마찬가지로 논리적 사고능력 또한 탁월했음이 분명하다. 도산은 그의 뛰어난 논리력으로 독립운동 고비고비마다 기본적 전략을 만들어 내는 핵심적 역할을 수행하게 된다. 국내에서 신민회 활동을 주도하였고, 미국에서는 대한인국민회와 흥사단을 조직하였으며, 상해에서는 임시정부 수립과 운영의 기본 틀을 만든 주역이었다. 주요한에 의하면[14] 독립운동의 방향과 전략에 대한 동지들 간 토론이 벌어지면 언제나 최종에는

14 주요한, 전게서.

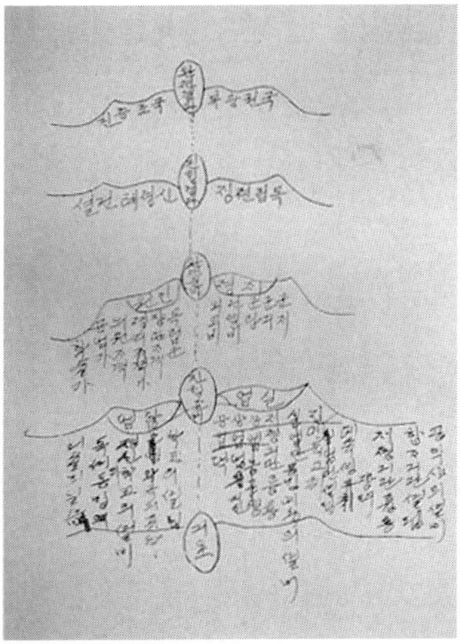

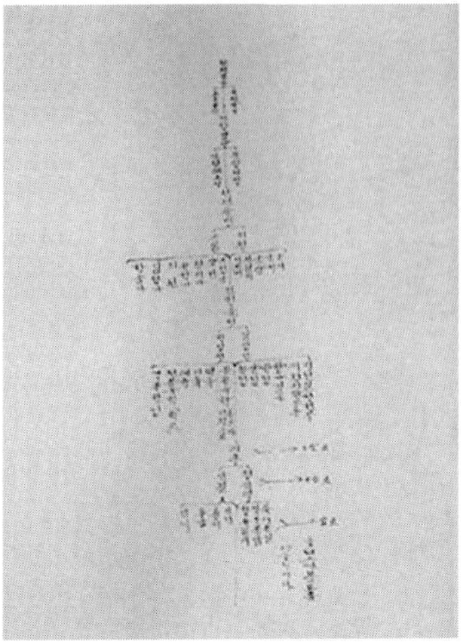

도산의 독립운동 전략구상(1913)

도산의 의견이 채택되었고, 이는 다른 참석자로 하여금 때로는 시기와 모함의 사유가 되었다 한다.

장리욱은 "그에게는 지성을 훨씬 뛰어 넘은 높은 경지의 지성이 있었다"라고 도산에 대해 말한다.[15] 그것은 도산이 단순히 합리적인 지성인이 아니라 지조, 절개, 숭고한 인격을 갖춘 지성인이었기 때문이다. 도산이 도덕적으로 거의 허물이 없었다는 것은 이미 지적한 바 있다. 합리성과 도덕성의 결합은 도산이 독립운동 과정에서 큰 역할을 하는 데 핵심 요인으로 작용했다.

끝으로 장리욱은 도산의 강점으로 그의 '인간에 대한 마음'을 지적하고 있다. 도산은 사람을 참으로 아끼고 사랑하는 마음을 가졌으며 상대방의 심리를 정확하게 파악하는 능력 또한 겸비

15 장리욱, 전게서.

하였다. 도산이 미국에서 교포 사회의 크고 작은 문제들을 풀어주는 '해결사' 역할을 담당하였다는 사실이 이를 잘 입증해주고 있다. 도산이 '유정한 사회'와 '정의돈수'를 부르짖고 애기애타를 리더십의 핵심요소로 삼으려 한 것은 도산 자신이 사람을 중히 여기고 사람과 사람의 관계에서 정과 사랑을 최고의 덕목으로 여기는 인도주의자humanist였기 때문이다.

이와 같이 도산은 연설능력, 논리적 사고력, 도덕성은 물론, 인정人情 측면에서도 리더로서의 탁월한 강점을 지녔었다. 그로 인해 생전에 훌륭한 업적을 세웠고, 동지들이나 국민들로부터 많은 존경과 사랑을 받았으며, 지금까지도 현대사에서 진정한 지도자로 존경을 받고 있는 것이다.

그러나 도산에게도 약점이 전혀 없었던 것은 아니다. 출신 지역이 역사적으로 한반도의 중심지라 할 수 있는 기호지방서울, 인천, 경기, 충청 일대이 아닌 평안도라는 사실, 가문이 명문 양반이 아니라 평범한 서민이라는 사실, 그리고 학력이 대단하지 않다는 사실 등은 도산이 정치활동을 하는 데에 있어 약점으로 작용한 것이 사실이다. 그래서 도산은 더욱 겸손하려고 노력하였다. 예를 들어, 임시정부에서도 최고위직에는 자신보다 학력이나 출신지역과 가문 측면에서 우월한 이승만을 천거하였고, 자신은 이승만의 비판세력을 무마하는 데 열정을 쏟았다. 또한, 도산은 전반적으로 자기관리에 철저하였으나, 담배만큼은 자신의 건강을 해치는 상황에서도 끊지 못했다. 결론적으로 도산은 그 자신에게 약점이 전혀 없기 때문에 리더로서의 자리에 오른

도산이 애용하던 담뱃대

것이 아니라, 몇몇 약점에도 불구하고 자신의 강점을 최대한 개발하고 활용함으로써 당대 최고의 리더가 되었던 것이다.

리더는 자신의 강점을 키우고 이를 잘 활용함은 물론, 부하들을 관리함에 있어서도 그들의 강점을 파악하고 이를 최대한 활용하는 능력이 있어야 한다. 이와 관련하여, 링컨과 남북전쟁을 북군의 승리로 이끈 그랜트Grant 장군의 일화는 유명하다. 링컨 대통령은 신임 총사령관 그랜트 장군이 술을 좋아한다는 말을 듣고 다음과 같이 말했다.[16] "장군이 좋아하는 술이 어떤 술인지 알면 똑같은 술을 사서 다른 장군들에게도 한 병씩 보

16 Drucker, Peter, 전게서.

낼 텐데." 미개척지에서 어린 시절을 보낸 링컨은 술이 가진 해독에 대해 아주 잘 알고 있었다. 그러나 연합군의 모든 장군들 가운데, 유독 그랜트 장군만이 언제나 작전계획을 제대로 세웠고 북군에게 승리를 안겨 주었다. 링컨이 그랜트를 사령관으로 지명하면서 판단 기준으로 삼은 것은 전쟁터에서 검증된 장군으로서의 능력, 즉 그의 강점이었다. 만일 단점이 없는 장군, 예컨대 술을 마시지 않는 장군을 고르려고 했다면 그랜트는 지명되지 않았을 것이다. 그러면 북군이 승리할 수 없었을지도 모른다.

스스로 자신의 강점을 발견할 수 있는 프로그램을 개발하고, 강점에 따라 직원을 관리하는 구체적 방법을 제시한 마커스 버킹엄Marcus Buckingham[17]은 타고난 재능과 학습을 통해 얻은 능력을 구별할 것을 권고한다. 이 중 전자는 학습을 통해 개선되기가 어렵기 때문에 자신의 재능을 통해 강점을 잘 찾아내고, 이를 기초로 자신의 인생을 설계할 때 성공의 가능성이 높아진다는 것이다. 조직 관리에 있어서도, 리더가 조직원 각자의 강점을 찾아내 잘 활용한다면 조직원들은 즐거운 마음으로 자신의 직무를 수행할 것이다. 'W이론'을 고안한 이면우[18]는 한국인들은 '신바람' 났을 때 초능력적인 힘을 발휘한다고 기술하기도 하였다.

---

17 Buckingham, Marcus, 전게서.

18 이면우, 『W이론을 만들자』, 지식산업사, 1997.

솔선수범한다, 역행力行의 리더십

- 리더는 앞장 서 조직을 이끌어 가는 사람이다. 따라서 리더가 자신이 조직원들에게 바라는 일들을 스스로 실천하지 않으면, 아무도 그를 따르지 않을 것이다.
- 실천함에 있어 중요한 것은 자신의 강점을 최대한 활용하는 것이다. 탁월한 리더는 약점이 없는 사람이 아니라 뚜렷한 강점을 지닌 사람이다.

도산의 강점	–연설솜씨와 합리적 지성 –숭고한 인격과 따뜻한 마음 –실천능력
도산의 약점	–평안도 태생 및 서민가문 출신 –낮은 학력 –흡연

- 역행에 대한 도산의 말

  ① 나는 나의 생명을 다하여 나의 오늘에 할 일을 다해 보려고 힘씁니다.

  ② 너도 행하고 나도 행하고 우리가 다 행하자.

  ③ 나는 오늘에 할 일을 오늘 다하여 보려고 했습니다.

  ④ 그대는 나라를 사랑하는가. 그러면 먼저 그대가 건전한 인격이 되라.

  ⑤ 백성의 질고를 어여삐 여기거든 그대가 먼저 의사가 되라.

⑥ 주인의식으로 섬긴다 : 주인의식의 리더십

주인의식은 도산 리더십의 핵심 개념 중의 하나이다. 도산에게 주인의식은 책임감을 의미했고, 책임감은 조직 전체를 위한 봉사와 헌신을 요구한다. 그래서 주인의식은 섬기는 리더십의 기본이 되는 것이다. 1970년대 초 처음으로 '서번트 리더십' 개념을 주장한 그린리프[19]는 섬기는 리더십을 '서번트servant 리더십'으로 정의하였다. 서번트의 뜻은 하인이다. 하인이 주인을 섬기는 것은 억압에 의한 것이지 자발적인 것은 아니다. 그러나 주인은 자기 집에 찾아 온 손님을 자발적으로 섬긴다. 진정한 주인은 손님이 만족하고 행복하도록 배려함은 물론이고 모든 상황에 대해 스스로 책임을 져야 하기 때문이다. 도산은 주인의식을 손님客의식과 대비하여 설명하고 있다.

> "그 민족 사회에 대하여 스스로 책임감이 있는 이는 주인이요, 책임감 없는 이는 여객입니다." _ 도산 안창호

주인이 손님을 초대하면 손님에게 음식과 마실 것을 만들어 줌은 물론, 손님이 처한 상황을 살피고 손님이 만족하고 행복하도록 배려와 관심을 아끼지 않는다. 그리고 예상치 않은 문제가 생기면 자신이 나서서 해결하려고 한다. 이것이 바로 '섬기는 리더십'의 기본 정신이다. 반면, 주인이 손님의 생각과 감정을 무시하고 자기가 하고 싶은 대로 말하고 행동하면서 손님에게 명령하려 한다면, 손님은 불쾌하게 생각하고 다시는 이 집에 초대되기를 원치 않을 것이다.

주인이 손님을 섬기는 것은 손님이 주인보다 지위가 높기 때문이 아니라 손님을 섬기는 것이 주인의 마땅한 도리이기 때문

---

19 Greenleaf, Robert, 전게서.

이다. 마찬가지로, 민주적 사회에서 리더는 조직원들 위에 군림하여 명령만 하는 사람이 아니라, 이들의 처지를 이해하고 이들의 입장에서 일을 처리하면서 권한도 위임하는 사람이다.

결론적으로 말해, 주인이 손님을 섬기는 것은 주인에게는 책임감이 있기 때문이다. 그러나 손님은 주인에 대하여 책임감을 느끼지 않기 때문에 의례 섬김을 받아야 한다고 생각하는 것이다. 그린리프의 서번트 리더십은 '서번트'라는 영문 단어를 통해 설명되기보다는 도산이 주장하고 있는 '주인의식'이 섬김의 리더십 개념에 대하여 더 잘 설명해 주고 있다. 그린리프는 헤르만 헤세Herman Hesse의 『동방순례』를 읽고 서번트 리더십 아이디어를 얻었다고 한다.

이 소설은 신비로운 순례 길에 나선 여행단의 이야기이다. 주인공 레오Leo는 여행단에서 잡일을 도맡아 처리하는 하인으로서 여행단의 일원이 되지만, 여행단이 지치고 힘들어 할 때에는 노래를 불러 활기를 불어 넣어준다. 여행길은 레오 덕분에 순조로웠다. 그러나 어느 날 갑자기 레오가 사라지면서 여행단은 혼란에 빠지고, 결국 여행 자체를 포기하게 된다. 하인 레오 없이는 여행을 계속할 수 없었기 때문이다. 그러나 레오는 평범한 존재가 아니었던 것이다. 여행단의 일원이자 이 소설의 필자는 몇 년을 방랑한 끝에 레오를 만나고, 그 여행단을 후원한 교단을 찾는다. 그는 그때 하인으로만 알던 레오가 실제로는 그 교단의 우두머리이자, 정신적 지도자라는 사실을 알게 된다. 하인이 아니고 주인이었기 때문에 레오는 자발적으로 '섬기는

봉사와 헌신으로 일생을 보낸 테레사 수녀

리더십'을 발휘할 수 있었던 것이다. 따라서 도산의 주인의식이야말로 섬기는 리더십의 기본철학이 되어야 하는 것이다.

섬기는 리더의 진정한 모습을 보여 준 대표적인 사례로 마더 테레사Mother Theresa를 들 수 있다. 1910년 유럽 유고 연방에서 태어난 테레사는 열두 살 때 수녀가 되기로 결심한다. 테레사는 가난한 인도인들을 돕기 위해 인도 캘커타에서 수녀생활을 시작한다. "영적인 길로 가기 위해서는 자기를 포기해야 한다"는 말을 남긴 프랑스 성녀 테레사를 자신이 닮고 싶은 '롤 모델'로 정한 테레사 수녀는 20년간의 교사 생활을 정리하고 1948년 본격적인 구제사업을 시작한다. 1950년 12명의 지원자들과 함께 '사랑의 선교회'를 설립하였다. "우리가 하는 일은 단지 넓은 바다의 물 한 방울에 지나지 않을 수 있습니다. 그러나 그 작은 사랑마저 베풀지 않는다면 바닷물은 줄어들 것입니다"라고 하였다. 테레사 수녀의 작은 실천은 주변과 전 세계 사람들의 마음을 움직였으며, 사랑의 선교회는 테레사 수녀가 소천한 후에도 세계에서 가장 크고 활발한 봉사기관으로 성장해 나가고 있다. 테레사 수녀의 섬기는 마음이 사회복지 부문에서 누구도 이제까지 이루지 못한 큰 과업을 일구어 낸 것이다.

愛 | 己 | 愛 | 他 | P | O | I | N | T

주인의식으로 섬긴다, 섬기는 리더십

- 그린리프는 헤르만 헤세의 『동방순례』를 읽고 서번트 리더십의 아이디어를 얻었다고 한다. 이 소설의 주인공 레오는 여행단의 하인이나 사실은 여행을 후원한 종교집단의 교주였다. 레오가 봉사정신으로 여행단의 실질적 리더 역할을 하게 된 것은 그가 이 여행단의 사실상 주인이었기 때문이다. 따라서 주인의식이야말로 섬기는 리더십의 기본이다.
- 도산에게 주인의식은 책임감을 의미했고 책임감은 조직 전체를 위한 봉사와 헌신을 요구한다.
- 주인의식에 관한 도산의 말

  ① 그 민족사회에 대하여 스스로 책임심이 있는 이는 주인이요, 책임심이 없는 이는 여객입니다.

  ② 진정한 주인에게는 비판도 없고 낙관도 없고 제 일인 고로 오직 어찌하면 우리 민족 사회를 건질까 하는 책임감뿐입니다.

  ③ 어느 집에든지 주인이 없으면 그 집이 무너지거나, 그렇지 아니하면 다른 사람이 그 집을 맡아 다스리게 됩니다. 민족도 그러하고, 사회도 그러합니다.

  ④ 위인이란 별 사람이 아니오. 위인의 마음으로 위인의 일을 하는 자가 위인입니다.

⑦ 사랑으로 대한다 : 정의돈수情誼敦修의 리더십

사람의 마음을 움직이는 가장 강력한 힘은 사랑이다. 흔히 사랑으로 만년설도 녹일 수 있으며, 태산도 옮길 수 있다고 한다. 이는 사람은 '감정의 동물'이고, 감정의 최고 요소인 사랑은 사람의 닫힌 마음을 바꿀 수 있기 때문에 생겨난 말이다. 따라서 리더가 되고자 하는 사람이 이끄는 이들을 사랑하고 배려해야 하는 것은 당연한 일이다. 그래서 '사랑'이라는 감정이 최근 들어 리더십의 화두로 부상하고 있는 것이다.

인생의 비밀은 '끌어당김의 법칙'이라는 내용의 베스트셀러 『시크릿』의 저자 론다 번[20]은 우리는 우주에서 가장 강력한 자석이고 그 자석을 움직이는 원동력은 사랑이라고 한다. 사랑이라는 감정은 가장 높은 주파수 파장인 것이다. 모든 생각을 사랑으로 감쌀 수 있다면 우리들은 더 큰 사랑을 느끼고 내보낼 수 있기 때문에 만인을 사랑하는 힘보다 강한 것은 없다.

> "생각과 생각의 대상을 연결해 주는 원동력이자, 모든 불행한 상황을 지배하게 해주는 원리는 바로 끌어당김의 법칙이고, 이를 다른 말로 사랑의 법칙이라 한다. 이것은 만물에 모든 철학과 종교와 과학에 담겨 있는 근본 원리이다. 사랑의 법칙에서 벗어날 길은 없다. 생각에 생명력을 주는 것은 바로 감정이다. 감정은 욕구고, 욕구는 사랑이다. 사랑이 스며든 생각은 무적이 된다."
>
> _ 찰스 해낼[21]

20 Byrne, Rhonda, 전게서.

리더십 전문가들인 쿠제스와 포스너[22] 역시 사랑이 리더십의 핵심요소임을 많은 실증적 연구를 통해 발견하면서, 사랑에 대해 다음과 같이 말하고 있다.

> "많은 리더들이 다른 사람들을 이끌어내는 동기에 대해서 말할 때, '사랑'이라는 단어를 굉장히 많이 쓴다는 사실을 깨달았다. 리더를 지탱해 주는 것들 가운데, 가장 지속성이 뛰어난 것은 '사랑'이다. 리더가 진실된 열정과 애정 없이 매일의 일상을 반복하고, 목표한 것을 이루기 위해 오랜 시간 고된 일을 견딘다는 것은 상상할 수 없다. 성공한 리더의 가장 심원한 비밀은 사랑이다. 다른 사람을 이끄는 일, 함께 일하는 사람들, 조직의 성과, 조직의 상품과 서비스를 이용하는 고객들, 이 모두와 사랑에 빠지는 것이 비결이다. 리더십은 머리가 아니라 가슴에서 만들어지기 때문이다."

도산은 리더십에서 사랑의 중요성을 간파하고, 애기애타愛己愛他라는 유묵을 남겼다. '우리 모두는 우리 자신을 채우지 않으면 남에게 줄 것이 없기 때문에 남에 대한 사랑은 자신에 대한 사랑에서 시작한다'는 단순한 진리를 도산은 일찍이 깨달았다. 론다 번은 "자신을 먼저 사랑하고 기분 좋게 만들어야 한다. 자신이 사랑하는 일을 하고 자기 스스로 행복을 느껴야 한다. 그러면 자연히 사랑의 주파수 파장이 자기 자신 밖으로 흘러 다른 사람들을 사랑하고 이들의 마음을 움직일 수 있을 것이다"라고 하는데, 이는 도산의 애기애타 정신을 잘 대변해 주고 있다.

---

21 Byrne, Rhonda, 전게서.
22 Kouzes & Posner, 전게서.

돌고래와 범고래

사랑은 단지 사람뿐 아니라 범고래와 같은 거대한 동물을 움직이는 원동력이 되기도 한다.[23] 범고래는 몸무게가 4톤이 넘는 무시무시한 '바다의 포식자'로 알려져 있다. 그런 범고래를 훈련시켜 멋진 쇼를 할 수 있게 하는 비결은 범고래를 칭찬해 주는 것이라고 한다. 조련사는 우선 먹이를 주고 같이 수영을 하면서 범고래와 신뢰를 쌓는 일부터 시작한다. 그리고 범고래가 조련사가 시키는 행동을 했을 때는 범고래의 머리를 쓰다듬어 주면서 칭찬을 해준다. 칭찬이 먹이를 주는 것보다 더 효과적이라는 것이다. 또한, 범고래에게 벌을 주기는 어려운 일이다. 그래서 범고래가 잘못했을 때에는 시간을 주어 오히려 쉬게 한다고 한

23 Blanchard, Ken 외, 『칭찬은 고래도 춤추게 한다 *Whale Done*』, 21세기북스, 2002.

다. 그러면 범고래는 쇼에 다시 나와 칭찬을 받기 위해 더 열심히 노력한다. 범고래의 훈련방법은 직장이나 가정에서도 그대로 적용될 수 있다.

도산은 당시 한국 사회의 가장 큰 문제점으로 사랑이 없음을 지적하고 있다. 우리 민족이 단결이 안 되는 것도 사랑이 없기 때문이므로 우리가 서로 사랑하는 마음을 가져야 한다고 강조한다.

> "단결의 생명은 주의主義의 일치에만 있는 것이 아니라 정의情誼, 즉 사랑에 있다."
>
> _ 도산 안창호, 흥사단 문답 중에서

대인관계에서 사랑의 중요성을 강조한 이들은 많으나 과연 어떻게 사랑하는 마음을 갖고 이를 실천하느냐에 대한 구체적 방법론을 제시한 이는 드물다. 그러나 도산은 이에 대해서도 일가견을 보이고 있다. 우선, 도산은 훈련을 통해 시간을 잘 지키는 습관이 형성되는 것처럼 사랑도 훈련과 연습을 통해 그 기술을 연마할 수 있다고 믿고, 정의돈수情誼敦修라는 어휘를 만들어 이를 즐겨 사용하였다. 도산은 정의돈수를 부모가 자식을 사랑하는 마음으로 "친애하고 동정하는 것을 공부하고 연습하여 이것이 잘되도록 노력하자 함"이라고 정의하면서, 이를 위해서는 다른 사람의 개성을 존중하고 신뢰하는 등의 기본적 행동에 충실할 것을 권고하고 있다.

사랑으로 대한다, 정의돈수情誼敦修의 리더십

- 사람의 마음을 움직이는 가장 강력한 힘은 사랑이다. 그 이유는 사람은 감정의 동물이고 감정의 최고 요소인 사랑은 사람을 바꿀 수 있기 때문이다.
- 정의돈수에 관한 도산의 설명
  ① 정의돈수 : 서로 사랑하기를 부단히 연습하자.
  ② 정의情誼 : 어머니가 자식을 정으로 사랑하는 친애親愛와 어머니가 자식과 고락을 함께하는 동정同情의 결합.
- 사랑에 관한 도산의 말
  ① 왜 우리 사회는 이렇게 차오. 훈훈한 기운이 없소. 서로 사랑하는 마음으로 빙그레 웃는 세상을 만들어야 하겠소.
  ② 너도 사랑을 공부하고 나도 사랑을 공부하자. 남자도 여자도 우리 이천만 한족은 서로 사랑하는 민족이 되자.
  ③ 단결의 생명은 주의主義의 일치만에 있는 것이 아니라 '정의情誼', 즉 사랑에 있다.
  ④ 아니 솟던 샘도 파면 솟는 일이 많습니다. 조금 파면 아니 솟던 것이 깊이 파면 솟는 일도 있습니다. 그것이 사랑 공부요. 사랑을 공부함으로 사랑하는 마음을 기를 수가 있습니다.

3
조직사랑愛國

도산 안창호에게 있어 조직은 조국이었기 때문에 그의 조직사랑은 애국愛國이라는 형태로 표현되고 있다. 도산은 옥중에서 일본관헌에게 자신의 직업은 독립운동이며, "밥을 먹고 잠을 자는 것도 모두 조국의 독립을 위해 한다"고 진술하였다. 이는 "너희가 먹든지 마시든지 무엇을 하든지 다 하나님의 영광을 위하여 하라"라는 성경의 사도 바울 이야기[24]를 생각하게 하는 대목이다. 도산에게 조국의 독립은 기독교인이 하나님을 섬기는 신앙적 수준으로서의 '삶의 목적'이었던 것이다.

도산의 조국에 대한 사랑을 리더십의 개념으로 살펴보자면 민족성을 개조하는 변혁적 리더십, 협동과 위임에 바탕을 둔

24 신약성경, 고린도전서, 10장 31절.

조직사랑愛國

도산 안창호에게 조직은 조국이었기 때문에 그의 조직 사랑은 애국愛國으로 요약할 수 있다.

- 민족성을 개조하는 변혁적 리더십
- 협동과 위임에 바탕을 둔 민주적 리더십
- 이념과 지역을 넘어 제 세력의 통일을 강조하는 통합의 리더십

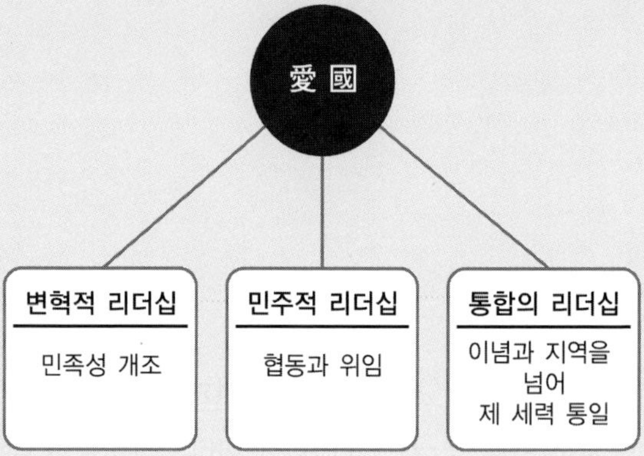

민주적 리더십, 그리고 이념과 지역을 넘어 제 세력의 통일을 강조하는 통합의 리더십으로 나누어 정리해볼 수 있다.

⑧ 변화를 이끈다 : 변혁적 리더십

21세기는 변화의 세기이다. 기술의 변화 속도가 생각의 속도만큼이나 빠를 뿐만 아니라, 주변환경도 이와 거의 같은 속도로

변하고 있다. 따라서 21세기를 살아가는 최상의 지혜는 변화의 흐름을 감지하고, 이에 맞추어 자기 자신은 물론 자신이 속한 조직을 바꾸어 가는 것이다.

이 세상 그 누구도 자신에게 중요한 것이 무엇인지 가르쳐 줄 수 없다. 넘어졌을 때 자신을 일으켜 세울 수 있는 건 바로 자신의 의지인 것이다. 자기 자신만이 그것을 찾아낼 수 있기 때문이다. 마찬가지로, 끊임없이 쇄신하고자 하는 노력도 오직 자신만이 할 수 있는 것이다. 따라서 변화의 시대를 맞아 중요한 것은 창의적으로 생각하는 능력과 이를 실천에 옮기는 능력이다. 또한, 변화의 필요성은 신체, 정신, 감정, 영혼 모두에 적용되기 때문에 우리는 이 모든 분야에서 변화하는 방법을 배워야 하는 것이다.

조직이 변화하기 위해서는 반드시 리더가 필요하다. 따라서 창의적으로 생각하고, 자신은 물론 조직을 변화의 길로 이끌 수 있는 능력은 21세기 리더의 필수요건이 되고 있다. 이를 위해서는 리더 스스로 도전의식을 가져야 할 것이다. 새로운 공동 비전을 만들고, 조직원들이 이를 향해 달려갈 수 있도록 격려하고 배려하는 리더십을 발휘해야 하는 것이다.

제너널 일렉트릭GE 사 회장인 잭 웰치Jack Welch는 20세기 후반의 가장 뛰어난 변혁적 지도자로 지목되고 있는 경영인이다. 미국 최고의 기업으로 손꼽히는 GE는 토마스 에디슨Thomas Edison이 창업에 관여하여 진공관에서 항공기, 기관차, 의료설비 시스템 등 다양한 제품을 만들면서 세계적인 명성을 누리는 기업이 되었다. 그러나 GE는 1970년대 후반 화려한 외형에도 불구하고

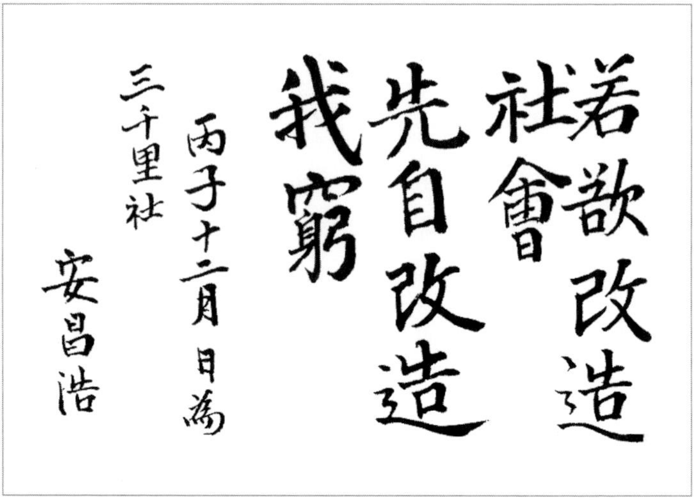

도산의 친필 유묵(1936)
'약욕개조사회若欲改造社會 선자개조아궁先自改造我窮'

소득의 80%를 차지하고 있는 전기 및 전자 부문에서 많은 어려움을 겪게 되었다. 1981년 GE 회장에 취임한 잭 웰치는 세계적 경영환경의 변화를 읽고 새로운 환경에 살아남기 위한 전략을 세워 이를 강력하게 추진하였다. "1위 또는 2위가 되라"라는 슬로건을 내세워, 그렇지 못한 제품의 생산을 포기하고 관련부서를 없애는 등의 개혁을 추진하였다. 그 결과 GE는 새로운 도약의 기회를 잡았고 미국을 선도하는 기업으로 자리매김하게 되었다. 잭 웰치[25]는 변혁적 경영전략으로 늦기 전에 변화하라, 현실을 직시하고 그것을 회피하지 말라, 너무 늦기 전에 조직규모를 줄여라 등의 해법을 제시하고 있다.

25 Welch, Jack, *Winning: The Answers*, HarperCollins Publishers, 2006.

1990년 중반 위기에 처한 IBM의 조직문화를 생산자 중심에서 소비자 중심으로 바꾸어 위기를 극복한 루이스 거스너Louis Gerstner 역시 뛰어난 변혁적 CEO로 잘 알려져 있다. 1993년 자만심으로 변화에 적응하지 못하는 IBM의 회장으로 취임한 거스너는[26] 잉여인력을 줄이고 조직을 '고객서비스' 중심으로 개편함으로써 코끼리같이 거대한 IBM 조직을 소비자 기호변화에 민감하게 반응하도록 하였다.

변혁을 주도한 또 다른 경영인으로 한국의 안철수를 들 수 있다. 의대를 졸업하고 의사로 활동했던 안철수는 1988년 박사과정 공부 도중 컴퓨터 바이러스를 접하고 이를 퇴치할 백신을 개발하기로 결심한다. 그 후 7년간 의학과 컴퓨터 공부를 같이 하다가, 1995년 안철수연구소를 설립하여 컴퓨터바이러스 치료를 위한 백신개발 사업에 전념하게 된다. 안철수연구소는 바이러스 백신 개발은 물론, 컴퓨터 관련 모든 보안문제를 해결해주는 통합보안업체로 발전하여 현재는 우리나라의 대표적 벤처기업이 되었다. 사람의 병을 고치는 의사에서 컴퓨터의 병을 고치는 의사로의 변신에 성공한 안철수는 최근 기업의 경영은 전문경영인에게 맡기고, 자신은 KAIST 교수로 재직하면서 자기발전을 통한 새로운 변혁을 준비하고 있다. "변화한다. 그러나 변하지 않는 것이 있다. 지켜야 할 가치가 있다면, 바로 거기에서 시작한다"는 것이 안철수[27]의 변혁적 경영철학이다.

---

26 Gerstner, Louis, *Who Says Elephants Can't Dance?*, HarperCollins Publishers, 2002.

27 안철수, 『CEO 안철수: 영혼이 있는 승부』, 김영사, 2001.

이와 같이, IT 혁명으로 변화의 속도가 가속화되면서 리더십에서도 변화를 선도하는 변혁적 리더십이 강조되고 있는 것이다. 그러나 도산은 이미 1세기 전에 그가 사랑하는 조국의 독립을 위해서는 한국인의 민족성이 개조되어야 하며, 이를 위해서는 한국인 개개인이 자신의 인격개조 노력을 경주해야 함을 설파한 선각자이다. 앞에서도 언급한 '허위에서 진실로', '부허에서 착실로', '공론에서 실행으로', '무정에서 유정으로', '분리에서 합동으로' 등은 도산이 추구한 우리 민족성의 개조방향이었다고 할 수 있다.

> "참배나무에는 참배가 열리고, 돌배나무에는 돌배가 열리는 것처럼 독립할 자격이 있는 민족에게는 독립국의 열매가 있고, 노예가 될 만한 자격이 있는 민족에게는 망국의 열매가 있다."
>
> _ 도산 안창호, 동지에게 드리는 공개서한

> "우리 민족 전체를 개조하려면 그 부분의 각 개인을 개조하여야 하겠고, 각 개인을 다른 사람이 개조하여 줄 것이 아니라 각각 자기가 자기를 개조하여야 한다."
>
> _ 도산 안창호, 국민생활 개조를 주장한 연설

도산 개조론改造論의 특징은 인격개조에 그치지 않고, 경제·사회 모든 부문으로 확대되어 있다는 점이다. 도산은 우리의 종교와 교육도 개조하고, 농업과 상업도 개조하며, 도시와 농촌은 물론 강과 산도 개조해야 한다는 주장을 펴고 있다.

"만일 너도 한국을 사랑하고 나도 한국을 사랑할 것 같으면 너와 나와 우리가 다 합하여 한국을 개조하자. 우리의 교육과 종교도 개조하고, 농업도 상업도 토목도 개조하고, 풍속과 습관도 개조하여야 한다. 음식 · 의복 · 거처도 개조하고, 도시와 농촌도 개조하고, 심지어 우리의 강과 산도 개조하여야 한다."

_ 도산 인창호, 국민생활 개조를 주장한 연설

서던캘리포니아대학교USC 경영학과 교수이자 리더십 전문가인 워렌 베니스[28]는 변혁적 리더란 사람들을 행동하게 만드는 사람, 추종자들을 리더로 만드는 사람, 그 리더들을 변화의 주도자로 만드는 사람으로 정의하고 있다. 또한, 베니스는 변혁적 리더십의 핵심요소로 변화의 저항을 극복하기 위한 영감적인 동기를 부여하는 카리스마, 부하들에게 새로운 해결책을 찾도록 지적 자극을 주는 능력, 부하들을 격려하고 동기부여 하는 능력 등을 지적하고 있다.

도산 안창호는 워렌 베니스가 지적하는 변혁적 리더십의 기본 자질을 갖추고 이를 실천한 리더였다는 사실을 우리는 그의 흥사단 활동을 통해서도 잘 알 수 있다. 도산은 자신이 조국의 독립을 위해 필요하다고 굳게 믿은 민족성 개조의 역사적 과업을 담당할 인재를 양성하기 위해 흥사단을 조직하였다. 그리고 이들에게 무실역행, 주인의식, 정의돈수 등의 개혁정신을 심어 주려고 부단히 노력하였으며, 그 과정에서 솔선수범과 심금을 울리는 연설 등으로 이들에게 동기를 부여하였다. 결론적으로,

---

28 Bennis, Warren, 전게서.

도산은 흥사단원들에게 새로운 해결책을 찾는 지적 자극을 주었고, 단원들을 격려하고 동기 부여하는 카리스마적 활동을 한 것이다. 따라서 도산은 당대 최고의 변혁적 리더였다고 할 수 있다.

변화를 이끌어 가는 리더가 되려면 리더 자신이 변화에 필요한 자질을 갖추어야 한다. 새로운 상황에 필요한 지식과 기술을 계속 습득하는 노력을 경주하여 언제나 열린 마음으로 변화의 흐름을 읽어낼 수 있는 통찰력과 창의력을 가져야 하는 것이다. 이와 아울러, 내부 및 외부와의 커뮤니케이션을 촉진하여, 외부에서 내부로 아이디어가 자유롭게 흘러들게 하여야 한다.

창의력은 많은 기업인들에게 큰 성공과 부를 안겨 준 핵심가치이다. 예를 들어, 1901년 태어난 월트 디즈니Walt Disney는 만화영화에 대한 열정과 창의력으로 세계 최고의 엔터테인먼트를 일구어 낸 창의적 기업가이며 예술가이다. 1929년 지금까지도 대중의 사랑을 받고 있는 미키 마우스Mickey Mouse와 도널드 덕Donald Duck이라는 상징물을 만들어 만화영화 부문에서 새로운 역사를 쓰게 된다. 월트 디즈니는 생전에 59개 부문에서 아카데미상을 수상하는 기록도 세운다. 월트 디즈니의 창의력은 그 후 만화영화를 넘어 디즈니랜드라는 가족 종합놀이공원을 만들어 새로운 차원으로 진입하게 되었다. 월트 디즈니는 1966년 사망하였지만 월트 디즈니 사는 지금까지도 전 세계에 10여 개의 테마공원과 수십 개의 호텔, 그리고 영화 스튜디오, 케이

블 TV 등을 운영하고 있다. '사람을 행복하게 만들겠다'던 월트 디즈니의 꿈은 지금도 계속 이루어지고 있다.

빌 게이츠Bill Gates는 창의력 하나로 단기간에 세계 최고의 기업을 만들고 자신도 최고의 부자가 된 대표적 인물이다. 13세 때부터 컴퓨터 프로그래밍을 시작하였고, 하버드대학교에 입학 후 PC가 새로 등장하자 이를 움직이는 소프트웨어 개발을 서둘러야 한다는 집념에서 1975년 대학을 그만두고 마이크로소프트 회사를 만들었다. 빌 게이츠의 예견은 적중하였고, 그가 개발한 PC 운영체계는 세계적인 표준이 되었으며, 마이크로소프트 사는 세계 최고의 기업으로 성장했다. 빌 게이츠는 소프트웨어 분야에서 세계 최고의 위치를 유지하기 위해 언제나 새로운 변화를 읽고 이를 기업화하는 노력을 계속하고 있다. 그는 창의력 하나로 "5년마다 코카콜라 규모의 새로운 회사를 만들어 내야만 한다"는 신념을 갖고 있으며, "전 세계가 인터넷으로 연결되어 시공을 초월한 교류가 이루어지는 디지털 시대에는 비즈니스가 '생각의 속도'로 운영되어야 한다"는 경영철학을 제시하고 있다.[29]

창의력으로 새로운 신화를 만들어 내는 전통은 IT 부문에서 지속되고 있다. 스탠퍼드 대학원생이었던 페이지Page와 브린Brin은 보다 효율적인 웹서치엔진web search engine을 개발하여 구글Google 사를 10년도 안 되는 짧은 기간에 마이크로소프트 사를 위협할 정도의 세계적 기업으로 육성하였다. 또한, PC를 생산하는 애플Apple 사를 창업한 스티브 잡스Steve Jobs는 사업실패

29 Gates, William, *Business @ the Speed of Thought*, Warner Books, 1999.

스티브 잡스

로 자신이 만든 회사로부터 퇴출당하고 간암에 걸리는 등의 개인적 고난을 극복하고 새로운 아이디어로 재기에 성공하였다. 스티브 잡스는 아이팟iPod, 아이폰iPhone에 이어 최근 아이패드iPad라는 신제품을 잇달아 개발하여 IT 분야에서 새로운 신화를 쓰고 있다. 그는 오늘도 자기가 하는 일을 사랑하는 것이야말로 가치 있는 일을 할 수 있는 유일한 방법임을 몸소 보여주고 있다.

세계 전자 분야에서 정상에 오른 삼성전자의 사례 역시 창조적 경영의 성과라고 할 수 있다. 1997년 말 외환위기를 맞자 이를 극복하기 위한 자구책으로 이건희 회장은 "마누라 빼고는 다 바꿔보자"라는 슬로건으로 경영혁신을 추진하였다. 앞에서 언급한 GE 경우와 같이 현재 세계 1, 2등을 하거나 앞으로 그럴 가능성이 있는 제품을 제외하고 과감한 구조조정을 단행하였다. 그 결과, 삼성전자는 당시 가전 분야 세계 최고인 소니Sony를 앞지르는 아무도 예상치 못한 성과를 이루어 냈다. 2008년 세계적 금융위기를 맞고도 삼성전자는 현장 중심의 경영을 선언하고 본사 직원의 80% 이상을 현장에 재배치하였다. 또한, 보고와 지시 중심의 회의도 토론식으로 바꾸고, 도전과 실패를 용납하는 문화를 도입하려는 노력을 하고 있다. 그 결과, 삼성전자는 주식 시가 총액에서 세계 최고의 반도체기업인 인텔을 앞서게 되었고, 반도체는 물론 LCD, 정보통신, 디지털미디어 부문 모두에서 막대한 이윤을 창출하는 기업으로 재도약하고 있다.

도산이 활동하던 시절, 대다수 독립운동가들은 일본에 대한 저항활동이 독립운동의 주축이 되어야 한다고 생각하였다. 그러나 도산은 한국이 독립을 하려면 나라를 빼앗기게 된 원인에 대한 근원적 처방이 우선되어야 한다고 믿었다. 그래서 도산은 '힘을 기르자'를 독립운동의 기본철학으로 정하고, 이에 필요한 인재양성에 역점을 두었다. 또한, 도산은 활동의 궁극적 목적을 단순히 독립에만 국한하지 않고, 독립 이후 한국이 경제대국이 됨은 물론 전 세계인으로부터 존경 받는 나라가 되는 데에 두었다. 도산이 정치활동과 교육사업만을 전개한 것이 아니라 경제적 기반을 이루기 위해 한국 최초의 주식회사를 설립한 사실 역시 도산의 사고가 얼마나 열려있었으며 창의적이었는지를 잘 알 수 있는 대목이다.

역사적으로 거슬러 가면 창의적 리더십을 발휘하여 국가의 백년대계를 설계한 리더로 세종대왕이 있다. 세종은 조선 제3대 왕 태종의 셋째 아들로 1397년 서울에서 태어났다. 이름은 이도였으며 어려서부터 총명하고 배우기를 즐겨하고 늘 부지런하였다. 왕위에 오른 후 그의 관심은 '이것이 오직 백성을 위해 필요하고 쓸모있는 것이냐'였다. 그의 어법은 '그래 네 말이 맞다.

한글 창제에 몰두하는 세종

그러나 ……'였다. 이렇게 세종은 신하들을 배려하고 아끼는 마음을 잊지 않았던 것이다. 그 결과 그는 신하의 마음을 움직이고 백성의 마음을 감동시키고 이웃나라들까지도 감동케 하였다.

동시에 세종은 언제나 열린 마음으로 사물을 대하면서 백성들에게 이로운 것을 만들어내려고 스스로 각고의 노력을 하였다. 그는 물시계, 해시계, 측우기 등을 만들어 백성들의 생활을 편하게 해주었으며, 말년에는 건강 악화에도 불구하고 초인적인 노력으로 훈민정음을 창제하여 역사에 새로운 이정표를 만들었다. '나를 이겨낸 것은 마음의 힘이다'라고 한 세종은 나라의 근본인 백성을 중히 여겼으며, 인재양성이 나라의 힘이라 믿고 많은 지원을 했다. 또한 세종은 누구보다 많은 분야의 책을 읽었으며, 이를 바탕으로 창의적 비전을 구현시켜 나갔다.

이순신은 1545년 한양에서 대대로 문관을 지낸 집안에서 태어났다. 그러나 활쏘기를 좋아한 이순신은 무관이 되어 임진왜란 당시 왜군을 맞아 23번 싸워 23번 모두 승리하였다. 장수로서의 능력뿐만 아니라 뛰어난 인격과 지도력을 갖추어서 성웅聖雄으로 추앙 받고 있다. 이순신 리더십의 핵심은 '필사즉생必死卽生, 죽기를 각오하면 살 것이고, 필생즉사必生卽死, 살고자 하면 죽는다'라고 한 말에 있다. 이순신 장군은 이 말을 마친 다음 날 명량해전에서 단 12척의 배로 수백 척의 왜적을 물리쳤다. 12척의 배로는 패할 수밖에 없다는 다른 장군들과 조정의 생각과는 달리 이순신은 "아직도 12척의 전선이 있으므로 죽을 힘을 다해 싸우면 적 수군의 진격을 막을 수 있습니다"라고 하여 오히려 임금을 설득하고 전투를 승리로 이끌었다. 이순신의 승리는 그의 강한 정신력과 거북선을 만들고 뛰어난 전술전략을 추진한 창의력의 결합이라고 할 수 있다. 이는 그의 명량대첩의 성공사례를 통해 극명하게 보인다. 이순신은 명량해협을 세밀하게 관찰 · 조사하여 최선의 대비책을 마련하였고, 전투에서도 이순신의 기함 단독으로 1시간 동안 고군분투孤軍奮鬪하면서 울돌목을 지켜내는 모습을 보임으로써 부하들의 동참을 이끌어냈던 것이다.

이순신의 '필사즉생 필생즉사' 유묵

이렇게 세종의 창의적 리더십은 임진왜란 와중에 거북선을

변화를 이끈다, 변혁적 리더십

- 21세기는 변화의 세기이다. 따라서 창의적으로 생각하고, 자신은 물론 조직을 변화의 길로 이끌 수 있는 능력은 21세기 리더의 필수요건이 되고 있다.
- 당시 대다수 독립운동가들은 일본에 대한 저항활동이 독립운동의 주축이 되어야 한다고 생각하였으나, 도산은 나라를 빼앗기게 된 원인에 대한 근원적 처방이 우선되어야 한다고 믿었다.
- 도산은 '힘을 기르자'를 독립운동의 기본철학으로 정하고, 이에 필요한 인재양성에 역점을 두었다.
- 도산은 정치활동과 교육사업만을 전개한 것이 아니라 경제적 기반을 위해 한국 최초 주식회사를 설립하기도 하였다.
- 개조에 관한 도산의 말
  ① 나는 사람을 가리켜 개조하는 동물이라고 하오.
  ② 만일 너도 한국을 사랑하고 나도 한국을 사랑할 것 같으면 너와 나와 우리가 다 합하여 한국을 개조하자.
  ③ 우리 민족 전체를 개조하려면 그 부분의 각 개인을 개조하여야 하겠고, 각 개인을 다른 사람이 개조하여 줄 것이 아니라 각각 자기가 자기를 개조하여야 한다.
  ④ 우리나라에 인물이 많이 나는 길은 오직 하나다. 그것은 저마다 인물이 될 결심을 하고 공부하는 것이다.

만들어 왜적을 물리친 이순신과 20세기 초 근대국가로서 한국이 나아가야 할 방향을 제시한 도산 안창호로 이어진다.

⑨ 더불어 같이 나눈다 : 민주적 리더십

우리 속담에 '백지장도 맞들면 낫다'라는 말이 있다. 아무리 쉬운 일이라도 다른 사람들과 더불어 같이 하면 일이 손쉬워진다는 말이다. 현대 사회를 지식사회라고도 한다. 지식이 모든 생산의 주체가 되는 시대이기 때문이다. 지식사회는 또한 조직사회이기도 하다. 지식은 다른 지식과 합쳐질 때 예상 외의 큰 힘을 발휘하는 특징이 있다. 예를 들어, IT 기술과 BT 기술이 합쳐서 인간 유전자의 신비를 더 쉽게 파헤치고 있는 것이다. 따라서 지식사회에서는 조직이 있어야 큰일을 할 수 있고, 지식근로자는 다른 지식근로자들과 더불어 같이 일하여야 보다 보람된 일을 해낼 수 있다는 것이다. 그래서 더불어 같이 하는 방법을 익히는 것이야말로 좋은 리더가 되는 필수요건인 것이다.

민주주의가 인류의 보편적 가치관으로 인정되면서 민주적 리더십은 민주국가에서 리더가 되는 기본적 소양으로 인식되고 있다. 1775년 6월 대륙군의 사령관으로 임명된 조지 워싱턴은 미국 각지에서 자원해 온 시민군의 힘을 하나로 모아 당시 세계 최강의 군대인 영국군을 상대로 힘겨운 독립전쟁을 시작하였다. 조지 워싱턴은 군인으로서 강인한 체력과 뛰어난 전략적 두뇌를 갖추었으며, 의사결정 과정에서 지휘관들의 의견을 경청하고 합의를 존중하는 민주적 리더였다. 조지 워싱턴은 부하들 각자의 장점을 파악하여 이를 최대한 활용하는 리더였으며, 반대파도 수용하는 통합의 리더였다. 그래서 그는 전쟁 후 모든 사람들에 의해 초대 대통령으로 추대되었고, 13개 주의 다양한 의견을 수용하여 국정을 운영하였다. 조지 워싱턴은 대통령 임기를 두 번 마치고 나서 스스로 자리에서 물러났으며, 프랑스와의 전쟁 가능성에 대비해 군 사령관직을 맡기도 하였다. "목숨이 붙어 있는 한 나는 싸울 것이다", "독재적인 방식은 대중에게 확신을 줄 수 있지만 항상 혐오감을 수반한다"는 명언을 남긴 워싱턴은 민주적 리더십으로 미국의 건국기반을 구축한 것이다.

절대왕정 시대에 조선을 통치한 세종대왕이 위대한 업적을 쌓은 '성군聖君'으로 역사에 이름을 남기게 된 것 역시 그의 탁월한 의견수렴 능력에 기인하는 바 크다. "내가 인물들에 대해 잘 알지 못하니, 좌의정 · 우의정과 이조 · 병조의 당상관과 함께 의논하여 관리를 임명하고자 한다." 23세의 나이에 임금 자리에 오른 세종의 첫 마디 '의논을 하자'였다. 세종은 어려운 일이 생길 때마다 사실 그대로를 신하들에게 이야기하여, "경들은 경전과 정책에 통달하여, 정치의 큰 줄거리를 잘 알아서 말을 할 만한 시기를 기다린 지가 오래되었을 것이니, 마음에 있는 대로 성심성의껏 대답하라"라며 그들의 조언을 솔직하게 요청하였다. 집현전은 세종에게 여러 가지 새로운 생각들이 발표되고 토론되는 '사랑방'이었다. 세종은 폭넓은 의견수렴 과정을 통해 정치적으로 반대파도 설득하여 한글 창제 등의 창의적인 일에 동참하게 함은 물론 대마도 정벌, 여진족 토벌 등의 외교 · 국방 문제에 대해서도 국론이 통일되게 하였다.[30]

---

30 박현모, 『세종처럼: 소통과 헌신의 리더십』, 미다스북스, 2008.

주요한[31]은 도산을 '민주적 지도자의 전형典型'이라고 칭하고 있다. 이는 도산 안창호가 한국 근대사에서 보기 드문 민주적 리더였기 때문이다. 앞에서 도산이 권력 쟁취에 집중하는 '파워 리더'가 아니라, 조직원을 위해 봉사하는 '서비스 리더'라는 사실을 지적하였다. 이러한 사실을 근거로 할 때 도산은 궂은일을 마다 않고 몸소 행하는 솔선수범의 리더이며, 조직원을 정과 사랑으로 대하는 사랑의 리더라는 것을 잘 알 수 있다.

도산은 오랜 기간 미국생활을 하면서 미국 민주주의의 강점을 피부로 느낄 수 있었고, 이를 민족성 개조의 기본목표로 삼고자 하였다. 특히, 도산이 오렌지 농장에서 한인 근로자들과 같이 일을 한 미국 캘리포니아 주의 리버사이드 시는 당시 미국에서도 민주주의가 모범적으로 이루지고 있었던 도시로서, 도산은 이곳에서 민주주의의 강점에 대한 확고한 신념을 갖게 된 것으로 생각된다. 모두에 언급한 대로, 리버사이드 시 도심 한복판에는 마틴 루터 킹과 마하트마 간디의 동상이 있으며 그 사이에 도산의 동상이 세워져 있다. 애기애타 리더십을 실천한 20세기 최고의 리더 세 사람의 동상이 리버사이드 시에 함께 있다는 사실은 시사하는 바가 크다고 생각한다.

1926년 『동광東光』에 실린 "합동과 분리", "무정한 사회와 유정한 사회" 등의 글과 홍사단에서의 연설을 통해 우리는 도산이 민주주의의 철저한 신봉자였음을 잘 알 수 있다. 우선, 도산은 개개인 모두가 나름대로의 독특한 개성이 있음을 인정해야 한

---

31 주요한, 전게서.

다는 점을 지적하면서, 나와 생각이 다르다고 남을 미워하는 편견을 갖지 말 것을 호소하고 있다.

"모진 돌이나 둥근 돌이나 다 쓰이는 장처가 있는 법이니, 다른 사람의 성격이 나와 같지 않다 하여 나무랄 것이 아니다."

_ 도산 안창호, 동포에게 드리는 글

"내게 한 옳음이 있으면 남에게도 한 옳음이 있는 것을 인정하여서, 남의 의견이 나와 다르다 해서 그를 미워하는 편협한 일을 아니 하면, 세상에는 화평이 있을 것이다." _ 도산 안창호, 흥사단에서

또한 도산은 사상의 자유와 언론의 자유를 강조하였다. 도산은 "무정한 사회와 유정한 사회"에서 '유정有情한 사회'를 남의 일에 개의치 않고, 개성을 존중하며, 남의 자유를 침범치 않는 민주적 사회라고 분명히 정의하고 있다. 이를 통해 도산이 당시 서구의 민주주의를 얼마나 깊이 신뢰했는지를 엿볼 수 있다.

"우리는 서로서로 사상의 자유, 언론의 자유를 인정하고 존중하면서, 비록 의견은 서로서로 다르더라도 우정과 존경에는 변함이 없음이 문명 국민의 본색일 것이다." _ 도산 안창호, 흥사단에서

"도산은 평상시에도 남의 개인적인 일에 관해서는 결코 알려하지 아니 하였고, 혹시 무심코 그런 것이 귀에 들어왔더라도 안 들은 것으로 여겼다"고 이광수는 전하고 있다.[32] 또한, 도산은 흥사단 문답을 행함에 있어 "비록 17세의 소년과 문답을 하

흥사단우들과 함께한 도산

는 경우에도 자기가 높은 자리에 있는 빛을 보이지 아니 하였다"고 한다. 이를 통해 우리는 도산의 개인 사생활 존중의식과 평등사상이 얼마나 철저했는지를 잘 알 수 있다.

도산은 미국 대통령선거에서 민주당과 공화당이 서로 공격을 하다가도 선거가 끝나면 정파를 초월하여 당선된 대통령을 존경하고 아껴주는 것을 목격하고 매우 감동하였다고 한다. 공공장소에 당시 윌슨 대통령의 사진이 걸려 있었는데 이에 대해 모든 미국 국민들이 '굿 모닝' 하고 인사하는 광경을 보면서 이것이야말로 유정한 사회의 상징이라고 생각했다. 도산이

32 이광수, 전게서.

미국 생활을 통해 민주주의의 신봉자가 되었음을 알 수 있는 대목이다.

협동정신은 타인을 신뢰하는 데에서 비롯된다. 자신이 먼저 마음을 열고 남을 신뢰하며 정보와 자원을 서로 공유한다면 신뢰풍토는 자연스럽게 조성될 것이다. 다음으로 할 일은 팀원들과의 관계를 증진하는 것이다. 이를 위해서는 무엇보다도 협력을 위한 공동 목표를 정하고 각자의 역할을 정해야 한다.

도산은 흥사단 활동을 통해 민주적 리더십을 실천하였다. 도산은 그가 직접 참여한 입단문답 등 소정의 절차를 거쳐 입단한 단원들을 모두 신뢰하였다. 단원들 간의 신뢰 축적과 단합을 위해 단원들과 같이 식사도 하고 오락도 즐기는 것을 중요하게 여겼다. 도산은 자신의 논리력과 대화능력을 최대한 활용하여 단원들과 효과적인 대화의 창을 마련하였다. 이러한 과정을 통해 도산은 흥사단원들과 자신이 지향하는 민족성 개조의 기본 방향에 대한 공감대를 형성하였고, 단원들의 의욕을 고취시켜 조국독립을 위한 활동을 위해 최선을 다할 수 있게 하였다.

리더는 모든 일을 혼자 할 생각을 하지 말고 구성원들이 참여할 수 있도록 스스로의 결정권을 강화시켜 주어야 한다. 훌륭한 리더는 자기의 재능만을 사용하는 사람이 아니라 구성원들의 다양한 재능을 최대한 활용할 줄 아는 사람이기 때문이다. 그러기 위해서는 구성원 각자의 능력을 길러 주어야 할 것이다. 교육하고, 또 교육하여야 하는 것이다. 이런 관점에서, 진정한 리더는 명령만 하는 보스가 아니라 구성원의 능력을 길러 주는 코치가 되어야 하는 것이다. 그러므로 권한이양empowerment은 민주적 리더십의 가장 중요한 소양으로 인식되고 있다.

도산은 한국인 모두가 생업에 1기技 · 1능能을 갖도록 하여 각기 자신이 맡은 기능과 역할을 다하여야 한다고 주장하였다. 도산은 당시 한국 사회가 유교적 전통으로 생산기능을 경시하는 악습이 있음을 한탄하면서, 가옥청소를 하는 것이 자신의 장기라고 말하였다. 도산은 "비록 학자나 정치가나 예술가라도

愛 | 己 | 愛 | 他 | P | O | I | N | T

더불어 같이 나눈다, 민주적 리더십

- '빨리 가려면 혼자 가고 멀리 가려면 더불어 같이 가라'는 말을 상기한다. 더불어 같이 하는 방법을 익히는 것이야말로 좋은 리더가 되는 필수요건이다.
- 주요한은 도산을 '민주적 지도자의 전형'이라고 말한다. 이는 도산이 한국 근대사에서 보기 드문 민주적 리더였기 때문이다.
- 민주적 리더십에 관한 도산의 말
  ① 모진 돌이나 둥근 돌이나 다 쓰이는 장처가 있는 법이니, 다른 사람의 성격이 나와 같지 않다 하여 나무랄 것이 아니다.
  ② 내게 한 옳음이 있으면 남에게도 한 옳음이 있는 것을 인정하여서, 남의 의견이 나와 다르다 해서 그를 미워하는 편협한 일을 아니 하면 세상에는 화평이 있을 것이다.
  ③ 우리는 서로서로 사상의 자유, 언론의 자유를 인정하고 존중하면서, 비록 의견은 서로서로 다르더라도 우정과 존경에는 변함이 없음이 문명 국민의 본색일 것이다.
  ④ 우리는 자유인이니 결코 노예적이 되어서는 아니 됩니다. 우리를 명령할 수 있는 것은 오직 각자의 양심과 이성뿐이라야 할 것입니다.

체력운동으로 그리고 생산기술로 자기의 생활을 유지할 수 있는 힘을 갖추는 것이 인격수양의 중요한 일과一課"라고도 하였다. 육체노동을 강조하는 도산의 생각을 알 수 있다. 도산은 구성원의 인격수양을 위한 훈련은 물론 기술 습득을 위한 교육의 중요성을 강조하였고 이를 실천하였다. 도산을 '민주적 리더의 전형'이라고 부르는 이유가 바로 여기에 있다.

⑩ 뜻을 하나로 모은다 : 통합의 리더십

뜻을 하나로 모으면 새로운 힘인 시너지synergy가 생긴다. 하나 더하기 하나가 둘이 아니라 셋 또는 넷 이상이 될 수 있기 때문이다. 따라서 리더는 자신이 이끄는 사람들의 팀워크를 유지하면서 이들을 목적한 방향으로 가게 하는 능력을 키워야 하는 것이다.

그러기 위해서는 무엇보다도 구성원 개개인의 차이점을 인정하면서 동시에 팀워크를 중시하여야 한다. 또한, 열린 마음으로 다른 사람의 의견을 듣고 새롭고 더 나은 방법을 찾는 분위기가 만들어져야 한다.

사람은 리더가 자기를 인정해 줄 때 리더를 위해 헌신한다고 한다. 구성원 각자의 공헌을 인정하고 보상해 준다면 그들은 자신의 최선을 다하기 위해 노력한다는 말이다. 이를 위해서는 무엇보다도 사람들에게 가까이 다가가야 한다. 개개인의 능력

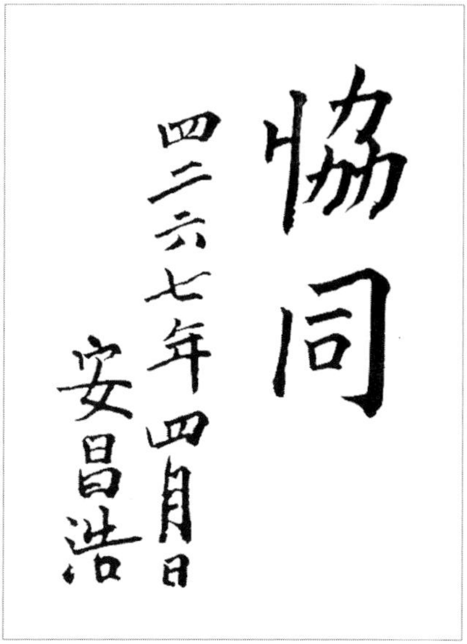

도산 친필 유묵,
'협동(協同)'(1934)

이 다르다는 점을 인정하고 각자의 장점을 살릴 수 있도록 인센티브도 마련해야 할 것이다.

국가적 위기상황에서 국민들의 힘을 하나로 모아 제2차 세계대전을 승리로 이끈 윈스턴 처칠Winston Churchill은 통합의 리더십을 발휘한 대표적 지도자라고 할 수 있다. "우리는 실패하지도 물러서지도 않을 것입니다. 우리는 약해지거나 지치지도 않을 것입니다." "내가 드릴 것은 피와 수고와 눈물과 땀밖에 없습니다." "엄청난 위험뿐만 아니라 비참한 불행, 많은 결핍, 실수, 절망이 분명 우리의 몫이 될 것이다. 죽음과 슬픔이 삶의 동반자가 될 것이며, 불굴의 용기만이 우리의 유일한 방패가 될 것입니다. 우리는 단결해야 합니다. 용기를 잃지 말아야 합니다.

좌절하지 말아야 합니다." 이상은 20세기 대표적 통합의 리더인 처칠이 남긴 명언들이다. 처칠의 명연설은 영국인들의 심금을 울렸고 영국 국민들을 하나로 뭉쳐 시너지를 발휘하게 한 원동력이 되었다.

이미 지적한 대로, 도산 안창호는 당대 최고의 연설가였으며 재미 동포들은 그의 연설을 듣고 농장에서 수고하여 번 수입의 상당 부분을 독립운동자금으로 내놓았고, 이는 초기 상해 임시정부를 운영하는 데 있어 중요한 재정적 기반이 되었다. 도산은 당시 동포들을 하나로 뭉치게 하기 위해 이들이 공감할 수 있는 새로운 민족성의 방향을 제시하였으며, 이의 실천을 위해 몸소 솔선수범하였다.

도산은 당시 한민족의 가장 큰 문제로 단합하지 못함을 지적하면서 민족 제 세력의 단합이 이념보다 우선한다는 신념을 끊임없이 피력하였고, 이를 이루기 위해 혼신의 노력을 다하였다. 도산은 한민족이 단합하지 못하는 것은 서로 시기질투하기 때문이라고 하면서, 상호신뢰를 구축하는 것이 협동과 통일의 기본이라고 지적하고 있다.

> "어디나 어디를 물론하고 통일이 안 되는 것은 무슨 까닭이오. 결코 지방열도 아니요, 편당심도 아니요, 오직 그 중에서 일하는 자 몇 사람이 남의 아래 서기를 싫어하는 까닭이오."
>
> _ 도산 안창호, 신년회 연설에서

> "오늘날 우리가 요구하는 합동은 민족적 감정으로 하는 합동이

아니요, 민족적 사업에 대한 합동이다 …… 서로 신용이 없으면 방침이 서로 같더라도 합동할 수가 없고, 서로 신용이 없으면 공통한 목적과 방법을 세우기부터 불가능할 것이다."

_ 도산 안창호, 동포에게 드리는 글

도산은 1919년 상해 임시정부 내무총장으로 취임한 이후 1932년 체포되어 한국으로 압송되기까지 독립운동을 하는 제 세력의 통합에 모든 열정을 쏟았다. 임시정부에서는 우파의 거두 이승만과 좌파의 거두 이동휘의 통합을 추진하였고, 1921년 임시정부직을 물러나서도 국민대표회의를 개최하고 대독립당을 결성한 것도 독립운동을 하는 모든 세력의 통합을 위한 것이었다. 그러나 불행하게도 도산은 통합의 꿈을 이루지 못하였다. 이는 당시 한국 사회의 분열상이 얼마나 심각했는지를 짐작케 한다. 이러한 상황은 해방 후까지 이어져 남북이 분단되는 결과를 초래하였고 지금까지도 지속되고 있다. 이는 바로 통합의 리더십이 오늘날의 정치지도자들에게도 가장 필요한 리더십의 덕목으로 지적되고 있는 이유이다.

통합의 리더십에서 또 하나 중요한 요건은 조직의 제반 목표를 한 방향으로 정렬alignment시키고, 이를 이루기 위한 전략을 수립하여 전략실현에 필요한 사업들을 일관성 있게 추진해 나가는 것이다.

이와 관련하여 우리는 조정漕艇경기와 래프팅rafting을 비교해 볼 수 있다. 조정경기는 팀 리더의 지휘로 조직원들이 공동의 목표를 향하여 조직적으로 자신의 정해진 역할을 수행한다. 그

조정경기 모습

래프팅 모습

러나 래프팅은 공동의 목표를 향해 리더와 조직원들이 협력한다는 측면에서는 조정경기와 같으나, 상황이 급속히 변하기 때문에 리더와 조직원 모두 상황 변화에 따라 수시로 다른 역할을 담당한다. 전자는 정체적 상황에서의 리더와 조직원들 간의 협력관계를 나타내며, 후자는 현재와 같이 변화가 극심한 상황에서의 변혁적 리더와 조직원들 간의 신축적 협동관계를 의미하는 것이다. 그러나 조정경기와 래프팅에서 공통적인 성공요인은 공동의 목표를 향하여 리더와 조직원 모두가 정렬alignment을 해 자신의 역할을 수행해 나가는 것이다.

도산은 조직이 목표한 바를 이루기 위해서는 냉철한 두뇌로 효과적인 전략을 만드는 것이 중요하다고 지적하고 있다.

> "합동을 이룰 만한 조건을 세우려거든 나와 여러분은 서늘한 머리를 가지고 깊은 방이나 산이나 들이나 어디에서든지 각각 지성에 지성을 더하여 방침과 계획을 세우기를 연구하시기 바랍니다."
>
> _ 도산 안창호, "합동과 분리", 『동광』

도산은 한국인들의 생각과 특징이 각각 다르더라도 조국에 대한 사랑이 하나같다면 하나의 목표를 향해 공통적 성공을 이루어 낼 수 있다고 말하고 있다. 조직원 각자의 개성을 살려 공동의 목표를 향해 공통의 전략을 실현시킬 수 있다는 이야기이다. 이는 음악에서 다양한 음계들이 아름다운 하모니를 위해 제 음역의 몫을 충실히 해내는 것과 비교해볼 수 있다. 이는 현대적 의미의 정렬을 통해 조직의 목표를 이루는 것이다. 리더와 조직원들이 하나로 정렬을 이룰 수 있는 기본요소로 도산은 조국에 대한 사랑을 이야기하고 있다.

> "우리나라에서 천만 가지 사상과 의견이 대립하더라도 오히려 우정과 민족적 애정만은 하나일 수가 있으니, 그리하면 사상의 대립은 서로 연마 · 발달하는 자극이 될 수 있고, 서로서로의 존경과 애정은 민족 통일을 묶는 실이 되어서, 안으로 아무러한 의견의 대립이 있더라도, 외모나 전 민족의 운명이 달린 일에 대하여서는 흔연히 하나가 되어서 감연히 막아 낼 수가 있을 것이다."
>
> _ 도산 안창호, 흥사단에서 연설

뜻을 하나로 모은다, 통합의 리더십

- 뜻을 하나로 모으면 새로운 힘인 시너지가 생긴다. 하나 더하기 하나가 둘이 아니라 셋 또는 넷 이상이 될 수 있기 때문이다.
- 통합의 리더십에서 중요한 요건 하나는 조직의 제반 목표를 한 방향으로 정렬시키는 것이다.
- 도산은 당시 한민족의 가장 큰 문제로 단합하지 못함을 지적하면서, 민족 제 세력의 단합이 이념을 우선한다는 신념을 끊임없이 강조하고 이를 위해 꾸준히 노력하였다.
- 통합에 관한 도산의 말

  ① 합동하면 흥하고 분리하면 망하며, 합동하면 살고 분리하면 죽습니다.

  ② 한국인들의 생각과 특징이 각각 다르더라도 조국에 대한 사랑이 하나같다면 하나의 목표를 향해 공통적 성공을 이루어 낼 수 있다.

  ③ 오늘날 우리가 요구하는 합동은 민족적 감정으로 하는 합동이 아니요, 민족적 사업에 대한 합동이다.

  ④ 각각 지성에 지성을 다하며 합동할 방침과 계획을 세우기를 연구합시다.

사 랑 그 리 고 나 눔

제 3 장

애기애타 리더의 조건

노동자들과 가족의 사진을 찍어 주는 도산, 1910년대 초

1
모든 것은 사랑으로 성장한다

앞 장에서는 도산 안창호 리더십의 열 가지 구성요소에 대해 이야기하였다. 이 중에서 가장 핵심이 되는 주제는 과연 무엇일까? 무실역행務實力行은 흥사단의 핵심적 사상으로 일반인에게도 가장 많이 알려진 도산 리더십의 특징이다. 주인의식 역시 학교 교과서 등을 통해 학생들과 일반에게 잘 알려져 있다. 이 모두 리더십의 매우 중요한 일면을 나타내는 개념임에 틀림없으나, 도산 리더십을 모두 아우르는 개념은 역시 '사랑'이라고 말하고 싶다. 도산은 정의돈수情誼敦修라는 단어를 즐겨 사용하였으며, 인간관계에서 사랑이 없으면 아무 것도 아니라는 취지의 발언을 자주 하였다는 것이 도산에 관한 전기를 쓴 이광수, 주요한 등의 공통된 지적이다.

"부부간의 복락을 결정하는 것이 사랑인 것같이, 한 단체나 한 민족의 번창을 초래하는 것이 사랑인 것과 같이, 세계 평화의 원인이요 유일한 원인은 오직 사랑이다. 공자께서 인仁을 가르치시고, 석가께서 자비를 말씀하시고, 예수께서 사랑을 이르심이 진실로 우연이 아니니 사람의 바른 길正路은 오직 사랑이오 그 밖에는 없다."

_ 이광수, 도산 안창호

"정의情誼없는 단결은 피 없는 육체와 같고, 회灰없는 벽돌담과 같다고 하였다. 어떤 단체의 그 주의主義에 대한 사랑, 조직체에 대한 사랑, 지도자와 간부에 대한 사랑, 조직원 상호에 대한 사랑, 이러한 사랑이 없으면 아무리 훌륭한 주의와 조직이 있고 아무리 풍부한 물력이 있다 하더라도 그 단체는 분명 자멸하고 마는 것이다."

_ 이광수, 도산 안창호

"그분도산의 정성과 사랑이라는 것은 기독교의 예수나 그럴 수 있으리라고 믿습니다."

_ 동지와 후배들의 이야기, 주요한, 안도산전서

도산 안창호는 한자로 쓰인 친필 유묵遺墨으로 애기애타愛己愛他, 협동協同, 약욕개조사회若欲改造社會 선자개조아궁先自改造我窮의 세 점을 남겼다. 이 모두 도산이 피체된 후 한국에서 말년을 보내던 시절에 직접 쓴 것들이다. 두 번째 친필 유묵 '協同'은 1934년 4월, 그리고 마지막 친필 유묵 '若欲改造社會 先自改造我窮'은 1936년 12월이라는 날짜가 명기되어 있으나, 첫 번째 친필 유묵 '愛己愛他'는 쓴 날짜가 적혀 있지 않다. 이 세 유묵 모두 도산의 철학을 가장 잘 나타내 주고 있는 것들이라고 할 수 있으나, 그 중에서도 '愛己愛他'는 도산 안창호의 리더십을 하나로 표현해 주는 말이라고 생각한다.

'애기애타'의 핵심 주제는 물론 사랑이다. 이는 사랑이야말로 모든 것의 기본이라는 도산의 생각을 보여주는 증거라고 할 수 있다. 도산은 16세에 밀러학당에 입학하면서 기독교에 입문하였다. 사랑은 기독교의 중심사상이다. 성경은 사랑을 끊임없이 설파하면서, 사랑이 없으면 모든 믿음과 선행도 아무런 의미가 없음을 강조한다. 사랑이 도산 인격형성에 있어 중심축이 된 것은 도산의 타고난 착한 천성, 약관의 나이에 보다 넓은 세상에 대해 도산의 눈을 뜨게 한 밀러학당에서의 기독교 교육, 그리고 기독교정신에 바탕을 둔 미국에서의 사회생활 경험의 산물이라고 할 수 있을 것이다.

어느 중국인 관상가는 도산에 대해 "자비상이 있어 살생을 기탄없이 행해야 하는 혁명가나 정치가가 될 수 없다"라고 했다고 이광수[1]는 전하고 있다. 도산은 간혹 교회에서 설교를 하였지만 종교를 위해 모든 것을 바치는 종교적 인물은 아니었다. 그러나 기독교정신이 삶의 구석구석에 밴 미국 등 서구인들과 마찬가지로, 도산 역시 밀러학당에서의 기독교적 교육과 오랜 기간의 미국생활을 통해 기독교의 '사랑' 정신이 도산 자신의 인생관의 기초를 이루었고, 그는 일생을 통해 이를 실천하려고 노력하였다.

마틴 루터 킹 역시 많은 이들의 마음에 오래 각인되는 감동을

1 이광수, 전게서.

남길 수 있었던 것은 사랑할 줄 아는 진심이 있었기 때문이다.

"누구나 위대한 사람이 될 수 있다. 왜냐하면 누구나 남에게 필요한 존재가 될 수 있으니까. 대학을 가고 학위를 따야만 남에게 필요한 존재가 되는 건 아니다. 학식 있고 머리가 좋아야만 그렇게 할 수 있는 것도 아니다. 사랑할 줄 아는 가슴만 있으면 된다. 영혼은 사랑으로 성장하는 것이니까. 그리고 이것은 진실이니까."

_ 마틴 루터 킹[2]

사랑을 화두로 던지고 선종한 김수환 추기경은 생전에 우리나라에서 가장 존경하는 분이 도산 안창호 선생이라 하였다 한다.[3] 김수환 추기경은 목적이 수단을 정당화하지 않는다는 신념을 삶을 통해 꿋꿋이 실천한 성숙한 인격으로 도산 선생을 생각한 것이다.

"도산 안창호 선생은 다음과 같은 교훈을 겨레에 남겼습니다. "진리는 반드시 따르는 사람이 있고, 정의는 반드시 이룩될 날이 있다. 죽더라도 거짓이 없어라!" 이 말을 우리 모두가 오늘 이 시간 마음 속 깊이 새겨야 하겠습니다. 도산 안창호 선생이 독립운동을 할 때에, 그 독립운동은 아주 고귀한 목적이었습니다. 그러나 내가 그를 더욱 존경하게 된 것은 독립운동을 하면서 그가 취한 태도랄까, 철학적 자세에 있습니다. 그는 어디까지나 진실을 바탕으로 해서 민족의 독립과 자주를 차지해야 한다고 외쳤습니다. 독립투쟁

2 Canfield & Hansen, *Chicken Soup for the Soul*, Health Communication Inc., 1993.

3 김수환, 『바보가 바보들에게: 두 번째 이야기』, 산호와 진주, 2009.

도산을 가장 존경한 김수환 추기경

을 한 분 중에서 안창호 선생 같은 분이 없다고 봅니다."

_ 김수환 추기경

어린 아이같이 순수한 마음으로 시정詩情이 넘치는 수필로 유명한 금아琴兒 피천득은 자신이 살아오면서 명성 그대로라고 느낀 것은 금강산과 도산 선생뿐이라고 하면서[4] 도산에 대해 다음과 같이 회고하고 있다.

"내가 살아오면서 본 것 중에 정말 명성 그대로라고 느낀 것이 두 가지인데, 하나는 금강산이고 또 하나는 도산 선생이었습니다. 그 분은 우선 생김새도 비범하게 잘 나셨어요. 우악스럽거나 영웅

4 피천득 · 김재순 · 법정 · 최인호, 『대화』, 샘터, 2004.

도산을 회상하는 피천득

같이 생기거나 그렇지가 않고 따뜻한 인상이었지요. 목소리도 아주 우렁찼는데 날카롭지 않고 청아하고 부드러운, 사람을 끌어당기는 그런 매력적인 목소리였어요. 나는 목소리 좋다는 미국 루즈벨트 대통령의 음성도 들어봤지만 그도 도산 선생에는 못 미쳐요. 외모도 그렇고 목소리도 그렇고 맘씨도 그렇고, 도산 선생은 천품을 타고난 분이에요. 도산 선생이 스무 살 무렵에 대동강 연설을 했는데 그때부터 그분은 굉장한 리더였지요. 내게는 도산이 아주 위대한 사람이라는 선입관이 있었는데, 그 분은 그 믿음을 저버리지 않으셨어요. 진실되고 성의 있고, 누굴 만나든지 정성으로 대해 주었지요. 그분은 제자도 많았는데, 제자 한 사람 한 사람이 선생이 자기만 위해 준다고 느낄 정도였으니까요." _ 피천득

최근 리더십의 덕목으로 '사랑'이 부상하는 이유는 여러 가지가 있다. 우선, 사랑은 모든 인간관계의 기본이다. 리더가 되기 위해서는 자신의 강점과 단점을 정확히 파악하고, 자신이 하고자 하는 방향을 명확히 설정함은 물론, 강점을 더욱 개발하고 단점을 보완하기 위해 부단히 노력해야 한다. 이러한 일련의 일들은 자신에 대한 깊은 사랑 없이는 실천되기 어렵다. 우리는 사람이 자신에 대한 사랑이 식을 때 자아발전을 위한 노력을 게을리 하고, 자신에 대한 증오가 생기면 자신을 학대하고 심지

어는 자신의 생명마저 스스로 끊는 경우를 주변에서 종종 보게 된다. 따라서 리더십의 첫 번째 관문인 자기계발 역시 자신에 대한 확고한 사랑이 전제조건인 것이다.

또한, 리더십의 두 번째 관문인 대인관계에 있어서도 타인에 대한 사랑은 대인관계를 더욱 원만하게 할 수 있는 기본적 자질이라 하지 않을 수 없다. 남의 의견을 경청하고 남을 배려하는 것은 사랑이 전제되면 자연스레 흘러나올 수 있기 때문이다. 흔히 '사랑은 가장 전파력이 높다'고 한다. 사랑이라는 감정은 누구나 쉽게 인지할 수 있기 때문이다. 이는 사람과 동물, 나아가 식물과의 관계에서도 그대로 성립된다. '인간의 가장 가까운 친구'로 알려진 개도 누가 자신에게 사랑을 주는 지 민감하게 반응하고, 주인으로부터 사랑을 받기 위해 노력한다. 심지어는 가정에서 화초를 기르는 데 있어서도 사랑과 정성은 화초를 더욱 싱싱하게 자라게 만든다고 한다. 하물며 지능과 감성이 훨씬 발달된 인간과 인간 간의 관계에 있어 사랑이 가장 강력한 의사와 감정의 전달수단이 된다는 것은 매우 당연한 일이 아닐 수 없다.

리더십의 마지막 단계인 조직관리에 있어서도 사랑은 위력을 발휘한다. 조직원 각자가 조직에 대한 사랑이 넘치고 서로 사랑으로 대할 때, 그 조직은 대단한 위력을 발휘하기 때문이다. 역사적으로 위기에 처한 국가나 조직이 강한 애국심과 동료애로 위기를 극복한 사례가 많다는 사실이 이를 잘 증명해 주고 있다. 그래서 도산 안창호는 애국심과 동료애를 역설하였고 스스로 이를 실천하였다.

'애기애타'의 두 번째 특징은 리더십의 모든 시작은 자기 자신에서 비롯된다는 점이다. 남을 사랑하기 전에 자신을 사랑하고, 남을 개조하려고 하기에 앞서 자신을 개조해야 한다는 것이 도산의 확고한 생각이었다. 우리는 '나 자신이 우주의 중심'이라고 말하곤 한다. 이는 인간은 생태적으로 자기중심적이 될 수밖에 없기 때문이다. 그럼에도 자신이 남에게 바라는 것을 자신이 먼저 남에게 베풀고, 남이 자신의 이야기를 들어주기를 바라기 전에 자신이 남의 이야기에 귀를 기울여야 하는 것이다. 그래서 도산은 '애기애타愛己愛他'와 '약욕개조사회 선자개조아궁若欲改造社會 先自改造我窮'을 역설함과 동시에 솔선수범을 의미하는 '역행力行'을 강조한 것이다.

도산의 '주인의식' 역시 '모든 것이 나로부터 시작된다'는 철학의 기본이 되고 있다. 내가 우주의 중심이기 때문에, 나 자신이 언제나 주인의식을 갖고 모든 일을 주도적으로 행해야 한다는 것이 도산의 생각이다. 자기중심적 사고가 자칫 이기주의로 발전될 수 있으나, 도산의 주인의식은 자기중심적이 될 수밖에 없는 인간의 속성을 한 차원 승화시켜, 남을 배려하고 더 나아가 남을 섬기는 '서비스 리더십'으로 발전시키는 힘이 되고 있는 것이다.

도산은 이미 아무것도 바라지 않고 동포를 사랑하고 나라를 사랑하는 것이야말로 자신의 마음을 키우는 데 큰 자양분이 됨을 확신하고 이를 몸소 실천하였다.

모든 것은 사랑으로 성장한다, 사랑의 리더십

- 사랑이 도산의 핵심 가치관이 된 이유
  - 타고난 품성
  - 밀러학당에서의 기독교 교육
  - 미국에서의 사회 경험
- 자기계발은 자기 자신에 대한 확고한 사랑이 전제조건이다.
- 남의 의견을 경청하고 남을 배려하는 것은 사랑이 전제되면 자연스레 흘러나올 수 있다.
- 조직원들이 서로 사랑으로 대할 때 그 조직의 위력은 발휘된다.

2
사랑을 나눈다

기러기는 겨울을 준비하기 위해 남쪽으로 날면서 'V'자형 대오를 형성한다. 그 이유는 가장 앞에 날아가는 리더 기러기의 날갯짓은 기류에 압력을 주어 뒤에 따라오는 동료 기러기가 쉽게 날 수 있게 도와주기 때문에 기러기 무리는 혼자 날 때보다 71%나 더 멀리 갈 수 있다.[5] 또한 기러기들은 먼 길을 날아가는 동안 앞에서 거센 바람을 가르며 힘들게 날아가는 리더 기러기에게 응원의 소리를 보내기 위해 끊임없이 울음소리를 낸다고 한다. 뿐만 아니라, 만약 어느 한 마리의 기러기가 아프거나 지쳐서 대열에서 이탈하게 되면 다른 동료 기러기 두 마리도 함께 대열에서 이탈해 지친 동료가 원기를 회복해 다시 날 수 있을

---

5 Worsham, Tom, 「The Story of Goose 비디오」.

멀리 가기 위해 함께 가는 기러기 무리

때까지 또는 죽음으로 생을 마감할 때까지 함께 지키다 다시 무리로 돌아간다.

이러한 기러기의 생태 관찰을 통해 '기러기 리더십'의 특징을 다음과 같이 정리할 수 있다. 첫째, 우리는 팀을 이루어 일할 때 보다 많은 것을 이룰 수 있다는 점이다. 이러한 기러기 리더십을 통해 우리는 '빨리 가려면 혼자 가고, 멀리 가려면 함께 가라'는 말을 생각하게 된다. 둘째, 단체 활동에는 반드시 리더가 있어야 하고 그 시점에서 무리 중 상대적으로 앞선 자가 리더가 된다는 사실이다. 셋째, 일단 리더가 결정되면 무리 기러기들은 리더가 힘을 얻어 리더 역할을 다할 수 있도록 계속해서 응원의 박수를 보내 준다는 점이다. 넷째, 그러나 리더가 힘에 지쳐 그 역할을 감당하기 어려우면 무리 중 다음으로 앞선 자가 리더가 되어 그 역할을 수행한다는 사실이다. 다섯째, 무리 중 낙오자가 생기면 그를 돕기 위해 동료들이 도와준다는 점이다.

기러기는 도산의 리더 양성기관인 흥사단의 상징이다. 기러기는 도산이 생각한 리더십의 특징을 그대로 보여 주고 있다고 할 수 있다. 우선 도산이 생각한 리더는 탁월한 능력을 보유한 사람이라기보다는 구성원 중 상대적으로 앞선 자라는 사실을 앞에서 언급한 도산의 "합동의 조건 : 지도자"라는 글에 분명히 명시되어 있다. 또한, 일단 리더가 결정되면 구성원들은 리더에 대해 비난이나 비판보다는 격려와 응원의 박수를 보내야 한다고 도산은 강조하였다. 그리고 리더는 조직원들 위에 군림하는 자가 아니라 어려운 여건에서 조직원보다 더 많이 활동하고 노력하는 봉사자라는 사실도 기러기의 사례를 통해 잘 알 수 있다. 다시 말해, 리더 기러기는 파워 리더가 아니라 서비스 리더인 것이다. 그래서 리더 기러기는 자신이 리더의 역할을 할 수 없다고 판단되면 서슴지 않고 그 자리를 다른 기러기에게 내어주고 자신은 다시 조직원의 상태로 돌아간다. 이는 도산이 강조한 민주적 리더의 전형인 것이다.

또한 기러기 리더십에는 도산이 리더십의 핵심이라고 생각한 사랑의 정신이 깃들어 있다. 동료 기러기를 위해 거센 바람을 혼자 막아내려는 리더 기러기의 행동은 동료 기러기에 대한 진정한 사랑이 없으면 가능하지 않은 일이며, 리더 기러기에게 끊임없이 격려와 응원을 보내는 무리 기러기들의 행동 역시 리더 기러기에 대한 사랑이 그 밑바탕을 이룬다고 할 수 있다. 특히, 대열에서 이탈하여 낙오된 기러기를 두 마리의 동료 기러기들이 끝까지 보호한다는 것은 기러기 무리들의 서로에 대한 배려와 사랑을 상징적으로 잘 보여 주는 대목이 아닐 수 없다. 결국 기러기 무리들은 서로 사랑으로 뭉치어 지속적으로 사랑을 나눔으로써 악조건에서도 장거리 비행을 가장 효과적으로 해내는 놀라운 성과를 거둔다. 우리는 기러기 리더십을 통해 생존에서 가장 근원적인 것은 역시 사랑임을 깨닫게 된다.

기러기는 한국에서도 전통적으로 믿음 · 예의 · 절개 · 지혜를 상징하는 새로 인식되었으며, 혼례가 있으면 산 기러기를 안고 신부 집으로 찾아가 신방에 놓아 두었다고 한다. 이는 신랑 · 신부의 백년해로를 희구하는 가족들의 배려였던 것이다. 요즈음에도 나무 기러기를 혼례의 징표로 선물하기도 한다. 조선 후기 여성 지침서인 『규합총서』에는 기러기가 지니는 상징성에 대해 다음과 같은 기록이 있다.[6]

> "기러기는 네 가지 덕이 있다. 첫째, 추우면 북쪽에서 남쪽으로 날아가고 더우면 남쪽에서 북안문으로 돌아가니 이것은 신信이요, 둘째 나는 것에 차례가 있어 앞에서 울면 뒤에서 화답하니 이것은 예禮요, 셋째 짝을 잃으면 다시 짝을 얻지 않으니 이것은 절개요, 넷째 밤이면 무리를 지어 자면서 한 마리가 순시하고 낮이면 갈대를 입에 물어 주살誅殺을 피하니 이것은 지혜이다. 기러기를 폐백으로 쓰는 것은 이러한 이유 때문이다." _『규합총서』

6 신병주, 『66세의 영조 15세 신부를 맞다』, 효령출판, 2001.

사랑을 나눈다, 기러기 리더십의 교훈

① 팀을 이루어 일할 때보다 많은 것을 이룬다.
② 무리 중 상대적으로 앞선 자가 리더가 된다.
③ 리더에게 계속 응원의 격려를 보낸다.
④ 리더가 지치면 다음으로 앞선 자가 리더가 된다.
⑤ 낙오자를 헌신적으로 돕는다.
⑥ 사랑이 생존의 중심에 있음을 알게 한다.

우리 조상들은 오래 전부터 기러기를 사랑과 협동의 상징으로 생각하고 두 남녀가 기러기와 같이 평생을 사랑과 협동의 정신으로 백년해로하라고 이를 혼례의 징표로 사용한 것이다. 도산 역시 기러기를 홍사단의 상징으로 함으로써 사랑과 사랑의 나눔, 즉 협동을 애기애타 리더십의 핵심으로 삼고자 한 것이다.

3
동양과 서양이 만나다

우리나라에 전래한 지 거의 2천 년이 된 유교는 우리의 심성 안에 깊이 뿌리 내렸으며, 한국인의 삶 전반에도 많은 영향을 미쳐 왔다. 유교는 불교와 더불어 한국민의 사상적 · 정신적 바탕을 이루어 온 것이다. 동양의 대표적 사상인 유교와 서양의 대표적 사상인 기독교가 이 땅에서 만나게 된 것은 17세기부터였다. 동양과 서양 사상에 있어서의 차이는 그 실천 방법에 있다 하겠다. 동양의 유교적 사고가 "부모에 대한 효를 통해 천天에 대해 대효大孝로 올라가는 상향적 방향이라면, 계시 종교인 그리스도교는 하나님 아버지께 대한 대효를 바탕으로 하여 부모에 대한 효를 하려는 하향적 방향"[7]이라고 김수환 추기경은

7 구중서, 『김수환 추기경 평전: 사랑하고 또 사랑하세요』, 책만드는집, 2009.

말한다. 그는 유교의 천天이 푸른 창공을 가리킨 것이 아니고, 우주의 본원적 주재로서 하나님을 의식한 것이라고 본 것이다.

도산은 기독교인이었으나 기독교만을 고집하면서 다른 종교를 멀리하는 배타적인 종교인은 아니었다. 도산은 16세 때 밀러 학당에 입학하기 전 고향에서 한학을 배웠다. 비록 도산이 유교 전통의 영향으로 실천보다 공론을 즐기고, 사회구성원들 간에 정과 사랑이 부족한 점을 개탄하였으나, 도산 안에도 역시 당시 한국 사회의 지배적 가치관이었던 유교의 피가 흐르고 있었다고 볼 수 있다. 그래서인지 도산은 흥사단 활동에서도 각자 자신이 갖고 있는 종교에 의해 서약하는 것을 허용하였고, 기독교의 포교활동에도 그다지 적극적이지 않았다.

도산의 '애기애타' 정신은 '하나님을 사랑하고 네 이웃을 네 몸과 같이 사랑하라'는[8] 기독교의 '사랑' 정신, '혈연적인 가족결합의 윤리를 바탕으로 사람의 도리를 다하는' 유교의 '인仁' 정신과 '모든 사람에게 평등한 우정을 갖는' 불교의 '자비' 정신 모두를 아우르는 것이라고 생각된다. 예수는 전혀 알지 못하는 남과의 관계에서 더 나아가 원수와의 관계에서도 사랑을 강조하였으나, 도산은 유교의 전통을 따라 사랑의 시작을 부부와 부자간의 가족관계에서 찾고 있다. 그러나 도산의 '애기애타愛己愛他'가 유교의 '인仁'과 다른 것은 전자는 사랑과 정을 강조하나, 후자는 도리와 질서에 역점을 둔다는 사실이다. 그래서 도산은 유교전통에 빠진 당시 한국 사회를 '무정한 사회'라고 하였고, 가족관

8 신약성서, 마태복음 22장 37-39절.

계에서 시작하여 동포들끼리 사랑과 정이 넘치는 '유정한 사회'를 만들자고 주장하였다.

지금은 서양만이 일방적으로 세계를 이끌던 시대는 지나가고 있다. 동서양의 사상과 문화가 서로 함께 인간의 가치관을 이끌어 가는 시대가 도래한 것이다. 도산은 이 점을 일찍이 깨닫고 유교와 불교 그리고 서양의 기독교가 상호 융합하여야 인류의 정신과 미래가 밝을 것을 설파한 혜안을 가졌다고 하겠다.

도산의 '정의情誼'는 무조건적인 헌신과 희생을 요구하는 기독교의 초인적인 '사랑'과는 달리, 평범한 사람들도 꾸준히 노력하면 이룰 수 있는 타인에 대한 배려와 신의를 기반으로 하고 있다. 도산이 '정의돈수情誼敦修'의 방법론으로 남의 일에 개입하지 말고, 남의 개성을 존중하며, 신의를 지키고, 예절을 존중하라 등의 매우 평범한 원칙들을 제시한 것은 도산의 '정의'가 기독교의 사랑보다 일반인의 입장에서는 훨씬 다가가기 쉬운 것임을 보여준다고 할 수 있다. 결국, 도산은 사랑이 본질적이고 실천해야 하는 것임과 동시에, 누구나 쉽게 할 수 있는 것이라는 점을 강조하고 있는 것이다.

또한, 도산은 부자, 부부, 친구 그리고 동지 간의 '정의'가 각각 다르다는 점을 지적하면서, 누가 누구를 더 사랑한다고 나무라지 말 것을 당부하기도 하였다. 이는 공자가 제자를 대함에 있어 그 형편에 따라 차이를 두고 대하였다 함을 떠올리게 한다. 도산의 '정의' 개념이 얼마나 현실적인가를 잘 알 수 있는 대목이 아닐 수 없다. 이런 점에서 도산의 '정의' 개념은 불교의

'평등적 자비'와도 대비된다고 할 수 있다. 결론적으로 말해, 도산의 '정의'는 당시 한국 사회의 지배적 전통인 유교의 인간관계에서의 '도리'를 '사랑과 정'으로 대체시켰으나, 기독교의 무조건적인 사랑과 불교의 '평등적 자비'와는 달리, 일반인이 꾸준한 노력으로 충분히 실천 가능한 수준의 대인관계에서의 정과 사랑을 의미하고 있다. 이는 도산이 종교인이 아니라 현실주의적 사상가였다는 사실을 잘 보여준다고 할 수 있다.

앙투안 생텍쥐페리Antoine de Saint-Exupery는 그의 소설『어린 왕자』[9]에서 사람은 누구나 나이가 들고 지혜를 터득하면서 눈에 보이는 게 언제나 제일 중요한 건 아니라는 진실을 알게 됨을 일깨워 주고 있다. 이 소설에서 여우는 어린 왕자에게 사람들과 관계를 맺는 방법, 사람들에게 익숙해지는 방법, 사랑하는 방법을 가르친다. 여우는 "이제 나만의 비밀을 알려 줄게. 아주 간단한 거야. 마음으로 봐야 정확하게 볼 수가 있어. 소중한 건 눈에 보이지 않는 법이거든"이라는 말을 남기고 있다. 애정 어린 마음으로 대할 때 세상 모든 것들과 서로서로 소통할 수 있음을 생각하게 한다.

도산은 1926년『동광』에 게재된 "오늘의 조선학생"이라는 글에서 다음의 세 가지를 강조하고 있다. 첫째, 남은 알든지 모르든지 민족에 대한 헌신적인 정신과 희생적인 정신을 기르는 것이고, 둘째, 나만 못한 사람이라도 포용하는 긍휼히 여기는 마음을 가져야 한다는 것이며, 셋째, 서로 협동하는 공동적 정신

9 앙투안 생텍쥐페리,『어린왕자 *Le Petit Prince*』, 반석, 2006.

을 배워야 한다는 것'이다. 이는 도산이 가족관계를 사회활동의 기초로 여기는 유교적 바탕 위에, 타인과 조직에 대한 헌신과 희생을 중시하는 기독교적 '사랑 정신'과 교만하지 않고 자신보다 못한 사람을 긍휼히 여기는 불교의 '자비 정신'을 접합시켜 도산 리더십 사상으로 발전시켰다는 준거가 된다고 할 수 있다.

김수환 추기경은 한국에서만 특히 유교, 불교, 그리스도교가 잘 공존한다고 말하면서, 이 한국적 특성이 동아시아에서 세계를 향해 인간 정신의 빛을 제공할 수 있다고 했다.[10] 일찍이 도산이 유교, 불교, 기독교의 사상을 자신의 애기애타 리더십 철학으로 승화시킨 사실이 이를 잘 증명한다고 할 수 있다.

도산의 리더 양성기관인 흥사단의 상징, 기러기는 선비 사士를 의미하기도 한다. 한국에서 '이상적 인격체'로 인식되어 온 선비를 흥사단의 또 하나의 상징으로 삼은 것으로 미루어보아 도산이 비록 현실보다는 공론空論에 역점을 둔 유교전통에 대해서는 비판적이었지만, 삼국시대 이래 한국의 정신적 근간이라 할 수 있는 선비정신에 대해서는 본받을 가치가 있는 전통으로 인식한 것으로 여겨진다. 일반적으로 선비정신은 '뜻을 세워 경건한 마음으로 학문과 덕을 쌓아 올바른 길로 지조를 지켜 살아가는 정신'이라고 정의되고 있다. 로마 시대의 '노블레스 오블리주' 정신에 바탕을 둔 중세의 기사도 그리고 이웃 일본의 무사도 정신이 무사의 무용과 주군에 대한 절대적 충성을 강조하는 반면, 한국의 선비정신은 무예보다는 학문과 덕에 역점을 두고

---

10 구중서, 전게서.

오렌지 농장에서
일하는 도산

있으며, 주군에 대해서도 상대적 자율성을 유지하면서 주군이 잘못된 길로 가는 경우 대의大義에 따라 비판세력이 될 수도 있는 특징을 갖고 있다. 따라서, 도산은 선비정신을 흥사단의 기본이념으로 받아들임으로써 서양의 노블레스 오블리주 정신을 한 단계 발전시켰다고 할 수 있다.

서양에서 리더십 교육의 선두주자였던 데일 카네기는 오랜 기간의 세일즈맨 경험을 통해 '친구를 사귀고 이들에게 영향력을 행사하는 방법'을 터득하였고, 그 내용을 책으로 집필하여 후진들에게 가르치기 시작하였다. 카네기가 리더십 교육을 시작한 것은 1930년대 중반의 일이었다. 그러나 도산 안창호는 이보다 20여 년이 앞선 1910년대 초에 리더십에 대한 기본개념을 정리하고, 홍사단을 만들어 자신의 리더십 사상을 체계적으로 교육하였다. 또한, 카네기가 리더십의 '기술'을 가르친 반면, 도산은 리더십의 '기본정신'을 가르쳤다. 도산의 교육내용이 카네기보다 훨씬 깊고 근본적이었다. 그러면서 도산은 사랑도 훈련을 통해 습관화할 수 있다고 믿고, 훈련과 습관의 중요성을 역설하였다. 원론을 중시하는 '동양적 사고'와 방법과 기술을 중시하는 '서양적 사고'의 결합이 도산 리더십 교육의 핵심을 이루고 있는 것이다.

동서양 여러 나라를 두루 여행한 뒤 미국에서 처음으로 '사랑학' 강의를 시작했던 레오 버스카글리아Leo Buscaglia[11]의 핵심 메시지도 "온 세계 어디나 문화나 종교는 조금씩 다르지만, 인간 사이를 맺어 주는 사랑은 같다. 사랑이야말로 세계의 공통 언어이다"라고 말한다. 켄트 키스 역시 그의 책 『그래도 *Anyway*』에서 '아낌없이 우리가 섬겨야 함'의 중요성을 설파하고 있다.[12]

현재 한국 사회에서도 이제 리더십은 정치인이나 경영인들은 물론이고 학생과 일반인들에게도 반드시 학습해야 할 덕목으로 인식되고 있다. 리더십에 관한 많은 서적들이 널리 읽히고 있으며, 리더십에 관한 교육과정 역시 새로운 성장 분야로 부상되는 실정이다. 그러나 리더십에 관한 교재는 대다수 외국인들에 의해 만들어진 것을 사용하고 있다. 데일 카네기, 스티븐 코비 연

---

11 레오 버스카글리아, 『살며 사랑하며 배우며』, 홍익출판사, 1982.
12 Keith, Kent, *Anyway: The Paradoxical Commandments*, The Berkley Publishing Group, 2001.

구소 등이 가장 대표적 외국인 전문교육기관들이며, 이들의 이론에 근거한 교육 프로그램이 널리 보급되고 있다.

그러나 도산 안창호는 리더십 분야가 아직 체계화되지 않은 시절에 리더십에 관한 균형되고 현대적인 개념을 설파하였고, 이를 후진들에게 교육시킴은 물론, 본인 스스로 이를 실천하였다. 또한, 도산의 '애기애타' 리더십 정신은 유교, 불교, 기독교 등 동서양의 전통적 사상을 아우르는, 학문적으로 '융합의 사상'이라고 할 수 있으며, 정신적으로는 세상의 모든 것을 담아낼 수 있는 큰 그릇을 마련한 것이라 하겠다. 또한, 한국인의 입장에서는 한국인으로서 긍지를 갖게 하는 '한국 고유의 리더십 개념'이기도 하다. 따라서 도산의 '애기애타' 정신을 리더십 교육 분야의 새로운 대안으로 발전시킬 필요가 있다고 생각한다.

현대 리더십 전문가 워렌 베니스[13]도 "리더란 태어나는 것이 아니라 만들어지는 것이다. 그것도 스스로 만드는 것이다"라고 말하고 있다. 이는 리더십의 근본이 바로 마음먹기에 달려 있다는 말이다. 도산의 주인의식과 애기애타 정신은 바로 그 마음먹고 실천하는 것을 근본으로 하고 있다.

우리에게 필요한 것은 각자에게 주어진 재능을 자신의 내면으로부터 찾아내어 개조하고 개발시켜 내는 일이다. 성형외과 의사로서 베스트셀러 작가였던 맥스웰 몰츠Maxwell Maltz[14]는 자아 이미지self-image의 정신적 훈련 연습mental training exercise의 필

13 Bennis, Warren, 전게서.

14 Maltz, Maxwell, *The New Psycho-Cybermetics*, Prentice Hall Press, 2002.

요성을 중점적으로 역설하고 있다. 그는 역량이란 노력하기에 따라서 얼마든지 키울 수 있다는 도산 안창호의 리더십 철학을 첨단 두뇌과학을 통해 입증하고 있다.

도산은 이에 더해, 모든 것의 본질이며 우주에서 가장 강력한 파장이라고 하는 '사랑'조차도 연습하고 훈련하여야 한다고 일찍이 설파한 바 있다. 우리가 이 시대에 도산의 '애기애타' 리더십을 얘기하는 것은 누구에게나 특히 미래의 주인이 될 청소년들에게 가장 필요한 자기의 존엄성을 깨닫고 자기의 가능성과 재능을 스스로 찾아내어 주인으로 거듭나게 하려 함이다.

정치는 물론 경제 · 사회 모든 분야에서 민주주의가 새로운 가치관으로 정착됨에 따라, 조직원들 위에 군림하는 리더십보다는 조직원들의 발전을 도와주고 이들을 위해 봉사하고 헌신하는 '서비스 리더십Service Leadership' 또는 '서번트 리더십Servant Leadership'이 리더십 분야의 새로운 화두로 부상되고 있다. 이는 "너희 중에 누구든지 크고자 하는 자는 너희를 섬기는 자가 되고, 너희 중에 누구든지 으뜸이 되고자 하는 자는 종이 되어야 하리라"[15]는 기독교 사상을 떠올리게 한다. 도산이 만나는 사람마다 묻곤 하였던 "당신은 주인입니까?"를 도산의 마음으로 다시금 자문해 보게 된다.

도산의 주인의식과 애기애타 정신은 '섬기는 리더십'의 기본 철학으로 조금도 손색이 없다. 따라서 도산의 애기애타 리더십을 세계적으로 '섬기는 리더십'의 새로운 표상으로 발전시키는

---

15 신약성서, 마태복음 20장 26, 27절.

동양과 서양이 만나다

- 도산의 애기애타 정신은 원수를 사랑하는 기독교의 사랑 정신, 혈연에 의한 가족결합의 윤리를 바탕으로 사람의 도리를 다하는 유교의 인仁정신과, 모든 사람에게 평등한 정을 갖는 불교의 자비慈悲정신 모두를 아우르는 것이다.
- 도산이 대의大儀를 중시하는 '선비정신'을 흥사단의 기본이념으로 삼은 것은 서양의 '노블레스 오블리주' 정신을 동양적 리더십 사상으로 발전시킨 것이다.
- 원론을 중시하는 동양적 사고와, 방법과 기술을 중시하는 서양적 사고의 융합이 도산 애기애타 리더십의 특징이다.
- 동양과 서양이 만나 세상의 모든 것을 담아낼 수 있는 큰 그릇이 된다.

것 또한 도산을 존경하고 그의 사상을 연구하는 모든 이들의 시대적 과업이라 하겠다.

4

애기애타 리더십의 선물

우리는 앞에서 리더십의 종류는 여러 가지가 있으며 상황에 따라 효과적인 리더십의 형태가 달라질 수 있음을 언급하였다. 또한, 민주주의가 정치는 물론 사회 각 분야에서 기본적 가치관으로 정착되면서 조직원 위에 군림하는 파워 리더십보다는 조직원을 섬기는 서비스 리더십이 더 큰 효과를 발휘하게 되었다는 사실도 언급하였다.

이 글의 주제인 도산의 애기애타 리더십은 넓은 의미에서 서비스 리더십과 맥을 같이 한다고 할 수 있다. 서비스 리더십의 권위자인 켄트 키스[16]는 서비스 리더십은 윤리적이고, 실용적이며, 그리고 의미가 있다고 하면서 서비스 리더들은 윤리성과

16 Keith, Kent, *An Ethical, Practical, and Meaningful Way to Lead*, 그린리프의 서번트 리더십과 도산 안창호의 애기애타 리더십 토론회, 경기복지재단, 2009. 12. 7.

의미성 때문에 서비스 리더십 자체에서 심리적으로 큰 만족을 느낄 수 있으며, 조직은 서비스 리더십을 통해 보다 높은 성과를 거두게 된다는 것이다. 그래서 성과를 중요시하는 기업들과 심지어는 전투상황을 대비해야 하는 군대에서도 최근 서비스 리더십에 대한 관심이 고조되고 있다고 한다. 따라서 여기에서는 애기애타 리더십을 발휘하면 과연 어떠한 결과가 초래되는가에 대해 살펴보고자 한다.

의미 인지를 통해 자기충족도가 높아진다

인간은 삶의 의미를 찾기 위해 부단히 노력한다. '나는 누구이며, 왜 존재하는가'에 대한 해답을 찾기 위해 동서고금을 막론하고 많은 선각자들이 자기 나름대로의 해답을 제시하려 했고, 누구나 성년에 접어들면서부터 이 질문에 대한 답을 찾으려고 애쓴다. 그렇기 때문에 인간은 자신이 하고 있는 일이 보람되다는 생각이 들 때보다 큰 동기부여를 받게 되며, 스스로의 정신적 만족과 일에서의 높은 성과를 동시에 얻을 수 있는 것이다.

사람들은 자신이 재미있거나 의미있다고 생각하는 일을 할 때 내적으로 동기부여가 된다고 한다. 제2차 세계대전 당시 나치 강제수용소에 갇혀 있었던 유태인 정신과 의사 빅터 프랭클 Viktor Frankl은[17] 극한적인 상황에서 삶을 유지해야 하는 강제수

17 Frankl, Viktor, *Man's Search for Meaning*, Beacon Press, 2006.

용소에서 미래에 대한 확신을 갖고 살고자 하는 의욕이 있는 수용자들이 살아남을 가능성이 높다는 사실을 실제로 목격하였다. 프랭클은 이러한 경험을 통해 환자에게 삶의 의미를 갖게 하는 심리적 치료방법인 '실존분석적 정신요법logotherapy' 이론을 정립하였다. 그에 의하면 인생의 의미를 찾는 것은 인간이 사는 데 가장 기본적 동기부여가 된다는 것이다. 물론 의미의 내용은 사람들이 처한 상황에 따라 다르나 삶의 의미를 찾기 위해 노력하는 것은 인간에게 가장 중요한 동기부여가 된다는 것이다.

내면적으로 의미 있는 삶을 살고 있다고 생각하는 사람은 외형적인 강점을 지닌 사람보다 정신적으로 더 건강하다는 것이 실증적 연구를 통해 밝혀지고 있다. 예를 들어, 미국 로체스터대학의 에드워드 데시Edward Deci[18] 박사팀은 졸업생을 대상으로 심층심리조사를 실시했는데, 조사결과 부귀, 명예, 외모 등의 외형적 강점을 지닌 사람보다도 의미 있는 대인관계, 지역사회에서의 봉사활동, 자기발전 노력 등 내면적 가치를 중하게 여기는 사람이 보다 활기차고 자긍심이 있는 삶을 영위하고 있다는 사실을 발견하였다. 그리고 내면적인 삶에 열망을 갖고 있는 사람은 외형적인 삶의 열망을 가진 사람보다 자기 자신에 대해 좀 더 만족해 하고 신체적으로도 건강한 상태를 유지한다고 한다. 그 이유는 외형적인 것보다 내면적인 것을 중심으로 자신의 활동

18 Deci, Edward, *Why We Do What We Do: Understanding Self Motivation*, Penguin, 1996.

을 설계하면 심리적으로 더 건강해지고 보다 큰 행복감을 가질 수 있기 때문이다. 또한, 외형적인 것은 자신의 노력만이 아니라 남의 결정이나 우연의 힘에 의해 결정되는 경우가 많으나, 내면적인 것은 오로지 자신의 태도와 의지 그리고 노력에 의해 좌우되기 때문에 실망할 가능성 역시 적어지게 된다는 것이다.

삶의 가치를 발견하는 것은 행복과 직결된다는 사실 역시 실증적 연구를 통해서도 확인되고 있다. 리차드 레어드는[19] 자립, 긍정적 인간관계, 내적 성장, 삶의 의미 등 내면적 가치를 존중하는 사람이 외형적이며 일시적인 만족을 추구하는 사람보다 훨씬 더 행복을 느낀다고 주장한다. 삶의 가치를 찾은 사람은 자신이 하고 싶은 일을 하고 있기 때문에 오늘 죽는다고 해도 자신의 삶에 대해 만족할 수 있다는 것이다.

하버드대학교 심리학과 교수인 탈 벤샤하Tal Ben-Shahar는[20] 행복을 '기쁨과 의미의 종합적 경험'이라고 정의하면서 "행복한 사람은 자신의 삶의 의미를 인지하면서 긍정적인 감정을 즐긴다. 이러한 정의는 한 순간을 의미하는 것이 아니라 경험의 일반화된 총체를 지칭한다. 사람은 때로는 정신적 고통을 참으면서도 여전히 전반적으로 행복할 수 있다"고 말한다.

그러면 사람들은 어디에서 삶의 의미를 찾고 있는가? 이에 대한 해답을 얻기 위해 켄트 키스는[21] 3,500명을 대상으로 한

---

19 Layard, Richard, *Happiness: Lessons from a New Science*, Penguin, 2006.
20 Ben-Shahar, Tal, *Happier*, McGraw-Hill, 2007.
21 Keith, Kent, *Do It Anyway*, 경기복지재단 CEO 복지경영 아카데미 강의자료, 2009. 12.

설문조사를 통해 응답자들이 자신의 가족, 사랑 주고받기, 친밀한 관계, 최선 다하기, 가치대로 살기, 성취감 등에 삶의 의미의 근원을 두고 있다는 사실을 알아냈다. 흔히 많은 사람들이 중요시할 것으로 생각되는 권력, 부, 명성, 승리 등은 설문조사 결과 오히려 중요하지 않은 것으로 나타난 것을 지적하면서 이 중에서 가장 중요한 것 하나만 지적한다면, '사랑하라 그리고 가서 누군가 도와라'라고 말하고 있다. 결국 이 책의 주제인 '사랑 그리고 나눔'은 사람들이 가장 소중하게 생각하는 삶의 의미가 된다는 것이다.

도산 안창호는 사랑을 어머니가 자식을 대하는 마음으로 정의하면서 이를 습관화하여 대인관계는 물론 조직관리에도 적용할 것을 권하고 있다. 생전에 '아무 것도 갖지 않을 때 비로소 온 세상을 갖게 된다'는 '무소유無所有' 정신을 강조한 법정 스님[22]은 어머니의 사랑에 대해 다음과 같이 말하고 있다. "자식에 대한 어머니의 따뜻한 정이야말로 순수한 사랑일 것입니다. 어머니와 자식의 관계란 탯줄로 이어져 있던 것이기 때문에 어떤 상황에서도 끊어질 수가 없어요. 그래서 우리는 죽음의 마지막 순간에도 어머니 얘기를 하고, 또 아무리 흉악범이라 해도 어머니 앞에서는 눈물을 흘리지요. 어머니 앞에서는 그만큼 순수해지는 것이지요. 어머니는 생명의 근원이니까요." 결국 자식에 대한 어머니의 사랑이 '사랑의 원형'이라는 이야기다. 사랑은 인간에게 가장 소중하고 근원적인 감정이기 때문에, 사랑하고 이

22 피천득 · 김재순 · 법정 · 최인호, 전게서.

를 나누는 일이 삶에서 가장 중요한 의미이며 사람이 사랑과 나눔을 통해 성숙한 인간이 되어가는 것은 지극히 당연한 일이라 하겠다.

선순환의 불씨가 만들어져 협력과 변화가 이루어진다

사랑과 진실에 대해 이야기하는 법정

법정 스님은[23] "진실에는 메아리가 있다고 하였다. 마찬가지로 사랑에도 메아리가 있다. 우리가 남에게 사랑을 주면 그것은 언제든 다시 사랑이라는 메아리가 되어 우리에게 돌아오는 것이다. 이것이 바로 사랑의 선순환善循環이다.

자신에 대한 사랑, 즉 애기愛己로 인한 자기충만은 창문에 맺힌 물방울이 어느 순간 흘러내려 다른 물방울의 시작을 이룸과 같이, 스스로 충만하여 타오르는 열정과 사랑은 또 다른 열정과 사랑을 낳는 불씨가 되는 것이다. 마치 사랑 바이러스의 순환과 같이 내가 남에게 사랑을 전하면 결국 남이 나에게 사랑을 주는 선순환을 만들어 내게

23 피천득 · 김재순 · 법정 · 최인호, 전게서.

된다. 즉, 사랑은 사랑을 낳고, 축복은 축복을 낳고, 공감은 공감을 낳고, 나눔은 나눔을 낳고, 행복은 행복을 만들어 나가는 것이 사랑의 선순환인 것이다. 그래서 우리는 사랑의 언어를 찾아내서 세상에 퍼뜨리는 역할을 하여야 한다.

이를 위해서 우리는 사랑하는 능력을 키워야 할 것이다. 『사랑의 기술』의 저자 에릭 프롬은[24] "대부분의 사람들은 사랑을 단순히 즐거운 감정으로만 생각하여 사랑을 '능력'의 문제가 아니라 '대상'의 문제로 착각하고 있기 때문에 사람들은 사랑에 대하여 배우려고 하지 않는다고 한다. 그러나 이는 잘못된 생각이며 사랑 역시 삶에서 다른 것과 마찬가지로 이론과 실천하는 방법을 배워야 한다"고 주장한다. 사랑은 '인간을 동료에게서 분리하는 벽을 허물어버리는 힘'이기 때문에, 인간의 가장 절실한 욕구가 사랑이라는 것이다. 그래서 인간은 사랑하기를 부단히 노력해야 하는데, 이를 위한 필수조건으로 프롬은 훈련, 정신 집중, 인내 등을 지적하고 있다. 이는 도산의 서로 사랑하기를 부단히 훈련하라는 의미의 '정의돈수情誼敦修'와 정확히 같은 개념이다.

그러면 과연 사랑의 언어는 무엇인가? 사실 사랑의 언어는 매우 다양하다. 우선 도산이 가장 좋아한 영어 단어 스마일smile, 즉 미소는 매우 강력한 사랑의 언어이다. "웃는 얼굴에 침 못 뱉는다"라는 속담이 있다. 이는 사랑의 언어인 미소가 전염성이 강하다는 의미다. 우리는 이러한 사실을 일상생활을

24 Fromm, Eric, *The Art of Loving*, HarperCollins Publishers, 1956.

통해 잘 알 수 있다. 아파트 엘리베이터나 길에서 우연히 만난 낯선 사람에게 미소를 던지면 상대방도 미소로 화답을 하고 어색한 분위기는 금방 화기애애한 방향으로 바뀌게 된다. 프랑스 작가 생텍쥐페리가 전쟁 중 포로가 되었을 때 간수에게 우연히 던진 미소 하나로 간수와 인간적인 대화를 하게 되었고, 그 결과 간수가 그를 도망가게 도와줘 목숨을 구할 수 있었다고 한다.[25]

미소가 한 단계 발전하게 되면 웃음laughter이 된다. 웃음은 심리적 만족의 외형적 표현이라고 한다. 일찍이 심리학자 지그문트 프로이드Sigmund Freud는 웃음을 긴장과 심적 에너지psychic energy를 분출하는 방법으로 정의하였다. 또한, 언론인 출신 노먼 커즌스Norman Cousins는 자신이 불치의 병으로 고생할 때 코미디 영화를 시청하고 유머집을 읽으면서 폭소를 터트리는 방법으로 기적적으로 회복한 경험을 하였다. 그는 이를 바탕으로 『질병의 해부』라는 책[26]을 저술함으로써 '웃음요법'이라는 분야를 개척하게 되었다. 웃음이 환자의 치료수단이 되는 것은 웃음을 통해 인간은 건강에 악영향을 주는 두려움과 분노를 분출시킴은 물론이고 지루함도 떨쳐버릴 수 있기 때문이다.

어린아이는 말을 배우기 훨씬 전인 생후 17일부터 웃음소리를 낸다고 한다.[27] 또한, 어린아이는 하루에 300번 이상 웃음을

---

25 최염순, 『미인대칭 비비불』, 씨앗을 뿌리는 사람, 2007.

26 Cousins, Norman, *Anatomy of An Illness as Perceived by the Patient*, Norton, 1979.

27 Laughter, *Wikipedia*.

터뜨리는 반면, 어른은 하루 평균 15번 정도 웃는데 이마저 병원에 입원하는 등의 우울한 상황에서는 전혀 웃지 않는다고 한다. 결국 인간은 어른이 되면서 기본적 본능이며 사랑의 언어인 웃음을 점차 잃어버리고 있는 것이다. 그래서 웃음을 다시 찾는 것은 누구에게나 매우 중요한 일이며, 웃음은 어려운 상황에 처한 환자들에게 매우 효과적인 치료방법이 되고 있다. 최근 많은 병원에서 환자들이 즐겁게 웃을 수 있는 각종 프로그램을 개발 · 보급하려고 하는 것은 바로 이런 이유에서다.

미소와 웃음 이외에도 사랑의 언어는 매우 다양하며 사람과 상황에 따라 다른 형태를 취할 수 있다. 예를 들어, 경청 역시 매우 효과적인 사랑의 언어가 된다. 19세기 미국의 저명한 의사이며 시인인 올리버 홈즈Oliver Holmes는 "말하는 것은 지식의 영역이고, 듣는 것은 지혜의 영역이다"라고 말했다.[28] 상대방의 이야기를 경청하고 그 내용에 대해 공감하는 것은 자신의 입장을 상대방에게 열심히 설명하려고 애쓰는 것보다 훨씬 효과적인 공감대 형성 방법이 될 수 있다는 것이다.

그래서 경청은 기업경영이나 현실정치에서 성공의 비법으로 활용되고 있다. 예를 들어, 삼성의 이건희 회장은 선친인 고 이병철 회장이 써준 휘호가 계기가 되어 경청을 좌우명으로 삼았다고 한다. 실제로 이건희 회장을 자택에서 개인적으로 만난 사람은 이 회장이 자신의 이야기는 최대한 아끼면서 상대방의 이야기를 열심히 경청하는 사실에 깊은 감명을 받게 된다. 김영

28 최염순, 『카네기 인간경영 리더십』, 씨앗을 뿌리는 사람, 2005.

삼 전 대통령 역시 남의 이야기를 경청하는 장점이 있음을 정치인 시절 그를 만난 사람들은 잘 알고 있다. 김영삼 전 대통령은 상도동 자택 2층 방에서 차를 손수 만들어 대접하고 상대방의 이야기를 경청하면서 많은 사람들을 자기편으로 끌어들였다. 그 결과 당시 소수 계파인 민주계의 수장임에도 불구하고 1992년 민자당 대통령 경선에서 승리하여 대통령이 되었다. 이러한 사례들은 "경청은 두 귀로 사람을 설득시키는 방법이다"라는 딘 러스크Dean Rusk 전 미국 국무장관의 말을 실감케 하는 것이다.

칭찬 역시 강력한 사랑의 언어이다. 일찍이 데일 카네기는 "칭찬은 무쇠도 녹인다'라고 말했다. 미국의 철강왕 앤드류 카네기 묘비에는 "여기 자신보다 더 우수한 사람을 어떻게 다루어야 하는지를 아는 사람이 누워 있다"라고 쓰여 있다고 한다. 앤드류 카네기가 사용한 방법은 바로 칭찬이라는 사랑의 언어인 것이다. 『칭찬은 고래도 춤추게 한다』의 저자 켄 블랜차드[29] 역시 돌고래와 범고래 사육사들의 경험을 통해 고래도 춤추게 하는 칭찬이야말로 매우 효과적인 경영기법임을 설파하고 있다. 이러한 단순한 진리를 한 단계 발전시켜 마커스 버킹엄[30]은 칭찬이 조직원들의 강점을 발굴하고 이를 활용하여 경영성과를 높이는 매우 효율적인 방법이라고 주장한다. 지속적인 관심과 격려가 조직원 개개인의 존재감을 높여 줄 것이라는 의미이다. 행복한 사람이 행복한 조직을 이끌어 내고 그것이 경영성과에

---

29 Blanchard, 전게서.
30 Buckingham, 전게서.

애기애타 리더십의 선물

① 의미 인지를 통해 자기충족도가 높아진다.
② 의미 있는 일을 할 때 동기부여가 된다.
③ 남에게 사랑을 주면 다시 사랑이라는 메아리가 되어 우리에게 돌아온다.
④ 선순환의 불씨가 만들어져 협력과 변화가 이루어진다.

바람직한 요인으로 작용할 수 있기 때문이다.

미소, 경청, 칭찬 이 모두에서 중요한 것은 진심이 있어야 긍정적인 반응을 기대할 수 있다는 사실이다. 마지못해 하는 미소, 공감하지 않는 경청 그리고 가식적인 칭찬은 상대방의 마음을 움직일 수 없기 때문이다. 다시 말해, '사랑'이 결여된 사랑의 언어는 전파력이 없다. 결국, 핵심은 사랑이며 사랑이 있으면 상황에 따라 그리고 사람에 따라 적절한 사랑의 언어를 만들어 낼 수 있다. 이렇게 사랑의 언어는 선순환의 불씨가 되고, 이 불씨는 협력과 변화를 가져오는 큰 불을 일으키는 것이다.

5
애기애타 리더의 7가지 할 일

우리는 제2장에서 애기애타 리더십의 구성요소를 자기관리, 대인관계 그리고 조직관리 차원에서 열 가지로 세분하여 살펴보았다. 그리고 제3장에서는 애기애타 리더십의 특징으로 모든 것이 사랑에서 시작된다는 점을 강조하였다. 도산의 애기애타 정신은 기독교의 사랑 정신에 바탕을 두고 있으나 불교의 자비 정신과 유교의 인仁 정신과도 맥을 같이한다는 점에서 동양과 서양의 사상이 융합된 것이라는 결론을 얻었다. 여기에서는 '애기애타 정신으로 무장된 애기애타 리더는 과연 무엇을 하여야 하는가?'에 대해 정리해 보고자 한다.

우리는 이 물음에 대한 해답을 애기애타 리더십을 육십 평생 실천한 도산의 경험을 통해 살펴볼 수 있을 것이다. 특히, 도산은 24세의 나이에 언어나 문화 측면에서 전혀 생소한 미국에 가서 당시 미국 사회에서 분열과 나태로 인해 경제적으로나 사회적으로 최하층 생활을 하고 있었던 한인들을 설득하고 조직화하여 경제적 신분 상승은 물론 애국심을 고취시켜 재정적으로도 임시정부의 독립운동을 주도적으로 지원하는 역할까지 담당하게 하였다.

이는 성과 측면에서 매우 놀라운 리더십의 발휘라고 할 수 있을 것이다. 당시 미국에는 학력이나 미국 사회에서의 경험에서 도산보다 훨씬 앞선 서재필, 이승만 등 기라성 같은 리더들이 있었으나, 실제로 미국에 거주하는 한인들의 생각과 행동을 변화시키고 한인사회를 조직화한 것은 미국 경험도 일천하고 대학교육도 받지 못한 도산이었다. 이것은 도산이 애기애타 리더십 정신으로 무장되었고 이를 몸소 실천하였기 때문이라고 생각한다.

① 정직과 성실로 신뢰를 나눈다

도산이 거의 불가능에 가까운 일을 해낼 수 있었던 첫 번째 이유는 도산이 정직과 성실을 통해 한인들로부터 신뢰를 얻었기 때문이다. 당시 도산을 만난 사람들의 도산에 대한 가장 강한 인상은 도산이 정직하고 바르다는 것이었다. 연령적으로 도산의 선배이자 도산 스스로 자신의 '롤 모델'이라고 생각했던 서재필은 도산에 대해 '높은 도덕성'과 '이타적인 마음'을 가진 인물이라고 평하였다. 또한, 도산의 비서실장 역할을 하면서 도산을 가장 가까이 모신 이광수는 비문에서 도산을 '곧아서 거짓이 없다直無僞'라고 묘사하고 있다. 도산을 금강산에 비유한 문학가 피천득[31]은 도산의 도덕성에 대해 다음과 같이 설명하고 있다.

> "선생의 삶은 진실 그 자체였지요. 아마 일생토록 한 번도 거짓말을 하지 않으셨을 듯싶어요. 살다 보면 부득이 선의의 거짓말을 할 때가 생기지 않나요? 그런데 도산 선생께선 "만약 거짓말을 하지 않으면 동지에게 큰 해가 돌아갈 때만 거짓말을 해야 한다. 그럴 때도 침묵을 지키며 거짓말을 안 할 수 있다면 그게 더 좋은 것이다"라고 말씀하셨지요."
>
> _ 피천득

당시 미주 한인들은 정직한 도산의 높은 도덕성에 감동하였다. 자신들보다 나이도 어린 청년 도산의 말에 따라 오렌지도 애국하는 마음으로 정성껏 땄다. 이로 인해, 결국 농장주의 신뢰를 받게 되었을 뿐 아니라 도산이 이끄는 한인 동포조직에도 가입하여 독립운동자금 모금 등의 애국활동을 하게 된 것이다. 따라서 리더십의 '중앙 폴'에 속하는 정직이라는 품성을 갖추는 것이야말로 애기애타 리더가 갖추어야 할 첫 번째 조건이라 하겠다.

31 피천득 · 김재순 · 법정 · 최인호, 전게서.

② 지식과 신용으로 힘을 기른다

흔히 도산의 철학을 가리켜 '힘의 철학'이라고 한다. 이는 도산이 당시 한국이 일본에게 나라를 빼앗긴 원인을 힘의 부족에서 찾았고, 따라서 나라를 되찾기 위해서는 힘을 기르는 것이 최우선이라는 점을 강조했기 때문이다. 도산은 "세상의 모든 일은 힘의 산물이기 때문에 힘이 적으면 일을 적게 이루고, 힘이 크면 일을 크게 이룬다"라는 세상의 이치를 가르쳤다.

물론 도산은 힘을 키우기 위해서는 '건전한 인격'과 '공고한 단결'을 선결조건으로 강조하였으나, 이에 그치지 않고 실질적으로 누구나 한 가지 이상의 전문지식을 가질 것을 권하고 있다. 그것이 어려우면 실질적 기술이라도 가져야 한다고 말하면서 자신의 기술은 집 청소라고 말하기도 하였다. 도산은 당시에도 허영을 위해 공부하는 이가 많은 것을 한탄하면서 실제 사회에 나아가 실질적 업무를 하는 데 필요한 지식과 기술을 배우는 데 정진할 것을 청년들에게 호소하였다. 이는 20세기 후반에 전개될 지식사회에서 힘의 원천인 지식의 중요성을 도산이 일찍이 설파한 것이라 생각된다.

또한, 도산은 경제력이 힘의 바탕이 된다는 사실을 알고 개인이나 조직 모두 활동에 필요한 경제적 능력을 키워야 함을 강조하고 실천하였다. 도산의 활동을 살펴보면 정치적 목적의 조직을 만들면서 동시에 경제적 사업을 추진한 것을 알 수 있다. 이는 경제력이 도산이 생각하는 '힘'의 매우 중요한 부분을 차지

한다는 사실을 입증하는 것이다.

도산은 21세에 점진학교를 세우면서 동시에 황무지 개간사업을 전개하였다. 29세에 동경에서 태극학회 회원들과 토론을 하는 자리에서도 가옥개량과 모범농장 건설을 역설하였다. 같은 해 대성학교를 세우면서도 평양 마산동에 한국 최초의 주식회사인 자기磁器회사와 도서 판매와 출판을 위한 태극서관을 동시에 설립하였다. 또한 원동에 독립운동기지 개척사업을 위해 아세아실업주식회사를 발기하였고 이는 후일 자본금 5만 달러의 태동실업주식회사로 발전하였다. 1910년 32세에 다시 망명의 길을 가면서도 시베리아 한인들과 자선공제회를 창립하였고, 1912년에는 미국에서 자본금 4만 5천 달러의 북미실업주식회사를 설립했다.

1919년 임시정부 국무총리 서리로 재임하면서 도산은 경제문제에 많은 관심을 갖고 국채발행, 인두세 징수 등의 재정확보 조치를 취했다. 정부가 재정확보를 위해 직접 개척사업을 추진하는 방안을 마련하였으며, 독립운동 자금 확보를 위해서도 다방면으로 노력하였다. 도산이 말년에 많은 정열과 시간을 투자한 이상촌 구상도 한인들의 경제적 기반을 마련하여 이를 독립운동 활동에 활용하려는 의도였다고 할 수 있다. 1927년 도산은 만주에 거주하는 한인들의 생활안정을 위해 협동조합 성격의 '농민호조사'를 개업하면서 농산물 생산의 증대를 위해 과학적 영농법과 기계의 도입, 그리고 수력전기 개발을 강조하였다. 또한, 도산은 1930년 흥사단원을 중심으로 한 경제합작운동의 일환으로 '공평사'를 창립하였다. 공평사는 70여 명의 회원들이 자금을 협동 · 저축하여 신용합작과 생산합작으로 발전시키려 하였으나 일제의 만주 침략과 도산의 피체로 일상 식료품의 소비조합 역할만을 하였다.

도산은 인간관계에서는 물론 경제활동에 있어서도 신용의 중요성을 특히 강조하였다. 도산이 경제활동에서 신용을 중히 여긴 것은 정직성이 대인관계에서 신뢰를 구축하는 기본이 되듯이, 신용이 없으면 어떠한 공통적 활동도 협동적으로 이룰 수 없다고 믿었기 때문이다. 결국 상거래나 국가적 협동사업이 성공하기 위해서는 그 구성원 개개인의 '가슴에 참을 모시어 공통적 신용을 세워야 한다'는 것이 도산의 생각이었다.[32]

결론적으로 도산은 국가의 힘은 단기적으로는 군사력에 의해 영향을 받으나, 중장기적으로는 군사력의 바탕이 되는 경제력이 중요하다는 사실을 인지하고 이를 위한 인재양성과 경제력 향상을 꾸준히 도모한 것이다. 또한, 경제력은 개인적 그리고 공동체적 신용을 바탕으로 사회가 필요로 하는 지식과 기술을 습득하고 이를 활용함으로써 축적된다는 점을 강조하였다. 따라서 애기애타 리더가 두 번째로 할 일은 지식과 신용을 바탕으로 개인은 물론 자신이 속한 조직의 '힘'을 기르는 것이라 하겠다.

32 산옹(도산 안창호의 필명), "사람마다 가슴에 참을 모시어 공통적 신용을 세우자", 『동광』, 1926. 6.

③ 선견지명으로 비전과 목표를 세운다

앞에서 도산은 세 가지 큰 꿈을 꾸었다고 지적하였다. 대한의 독립, 경제강국 대한, 그리고 세계인으로부터 존경받는 한국인이 바로 도산의 꿈이었다. 이는 매우 원대하고 야심찬 목표라고 하지 않을 수 없다.

이와 같이 도산이 당시 상황에서 아무도 생각하기 어려운 목표를 설정할 수 있었던 것은 그가 시대의 흐름을 읽는 통찰력과 선견지명을 갖고 있었기 때문이다. 도산은 열강들이 경제력과 군사력을 앞세워 식민지 쟁탈전을 벌이고 있는 당시의 상황에서 살아남기 위해서는 '힘의 원리'를 알아야 한다고 주장하면서도, '정의는 반드시 이길 날이 있다'는 확고한 신념을 잃지 않았다. 그래서 그는 도덕성과 힘을 동시에 가져야 한다고 호소하였고, 독립을 위해서는 우리가 힘을 길러야 하지만 일본이 한국을 지배하는 것은 불의한 일이기 때문에 결국은 실패할 수밖에 없다는 사실 역시 굳게 믿었다. 또한, 도산은 힘의 근원인 경제력을 갖춘 경제강국의 건설과 동시에 도덕적으로 세계인으로부터 존경받는 한국인이 되는 것을 국가의 중장기적 목표로 설정하였다. 이는 도산의 통찰력과 균형감각이 크게 돋보이는 대목이라 하지 않을 수 없다.

국가의 힘은 이를 구성하는 개개인의 능력에서 비롯된다는 관점에서 도산이 인재양성을 강조한 것 역시 그의 탁월한 선견지명의 결과이다. 당시 많은 독립운동가들은 일제에 대한 무력

저항을 주된 독립운동의 수단으로 생각하였으나 도산은 독립운동에 필요한 무력투쟁을 지지하면서도 우리의 노력은 무력투쟁에 그쳐서는 안 된다고 생각한 것이다. 그래서 도산은 독립운동 과정에서는 물론 독립 이후 국가경영에 필요한 인재를 양성하는 것이 매우 중요하다고 역설하였고 이를 위해 부단히 노력하였다.

1907년 말 이토 히로부미의 청년내각 제의를 일본에게 이용만 당하는 것으로 판단하고 도산은 이를 그 자리에서 거절하였다. 결국 일제는 1910년 8월 한일합방을 추진하였으며 청년내각 제의는 이를 위장하기 위한 술책에 불과하였던 것이다. 또한, 1921년 2월 국내로 들어갈 뜻을 비치는 이광수에게 "이제 압록강을 건너는 것은 적에게 항복서를 바치는 것이니 절대 불가요. 당신들 개인 앞날에 큰 화를 만드는 것이니 속단적으로 행하지 말고 냉정한 태도로 양심의 지배를 받아 행하라"고 한 것 역시 당시의 시대상황을 정확히 읽은 도산의 선경지명에서 나온 것이었다. 결국 국내로 돌아간 이광수는 일제의 압력에 굴복하여 친일적 행동을 함으로써 천재 문학가이며 도산의 수제자라는 자신의 이미지에 먹칠을 하는 결과를 초래하였다.

또한 도산은 이데올로기에 눈이 어두워 조국의 독립을 위해서도 서로 힘을 합치지 못하는 당시의 정치적 상황을 개탄하면서 출신지역과 이념을 초월하여 대동단결할 것을 호소하였다. 비록 도산의 이러한 노력이 그의 생전에는 결실을 보지는 못했지만 목표 자체는 매우 숭고한 것이라고 하지 않을 수 없다.

지금도 남과 북이 서로 나뉘어져 있고, 남에서도 좌파와 우파가 서로 반목하며 대립하는 것을 지켜보면서 도산의 통찰력이 지금 우리에게도 필요하다는 생각을 하지 않을 수 없다.

도산이 시대의 흐름을 정확히 읽고 민족이 가야 할 방향을 바르게 제시하는 선견지명을 갖게 된 것은 그의 타고난 합리적 이성은 물론, 이념 혹은 이론보다는 현실적 경험을 통해 지혜를 얻으려는 도산의 겸허한 마음가짐에 기인했다고 생각한다. 또한 도산의 숭고한 도덕성 역시 일시적 술책보다는 근원적인 차원에서 문제에 대한 해답을 얻으려는 습성에서 비롯된 것이라고 생각된다. 따라서 애기애타 리더의 세 번째 할 일은 선견지명으로 자신과 조직의 비전과 목표를 바르게 세우는 것이라 하겠다.

④ 구체적 전략을 수립한다

도산은 조직이 가야 할 목표만 제시한 것이 아니라 이를 실천하기 위한 구체적 전략을 만드는 일을 잊지 않았다. 1913년 흥사단을 창설하면서 독립운동의 구체적 전략과 방안을 마련한 것이 좋은 사례가 될 것이다.

당시 도산이 작성한 메모를 살펴보면 흥사단운동은 독립운동의 기초단계운동으로서 인내 · 용감 · 충의 · 신애의 정신으로 대동단결하고, 행동통일 · 직무분담 · 주의통일을 통해 독립운동의 정신적 기반을 마련한다는 것이다. 또한 독립운동의 준비단계를 진행준비단계와 완전준비단계로 나누어 진행준비단계에서는 분야별 학업단과 실업단을 구성하여 운영하고, 완전준비단계에서는 독립군·장관·정치가·공학가·의사·실업가·학술가 등 인재들이 독립운동에 필요한 각자의 임무를 수행하고, 확보된 재정을 군기軍機·군제軍制·군량·건설비·외교비 등에 사용한다는 것이다. 또한 결과단계도 진행결과단계와 완전결과단계로 구분하여, 진행결과단계에서는 일제와 독립전쟁을 전개하고 이를 지휘할 새로운 정치조직을 구상하였다. 그리고 한 단계 위인 완전결과단계를 설정하여 여기에서는 독립 이후 국가 발전의 비전을 제시하고자 하였다. 앞에서 언급한 경제강국과 세계인으로부터 존경받는 한국인이 그 내용이었으리라 생각된다.

도산의 치밀한 전략수립 능력은 흥사단의 조직 및 운영에서도 그대로 드러나 있다. "본 단의 목적은 무실역행으로 생명을 삼는 충의남녀를 단합하여 정의를 돈수하고, 덕·체·지 3육을 동맹수련하여 건전한 인격을 작성하고, 신성한 단결을 조성하여 우리 민족전도 대업의 기초를 준비함"이라는 흥사단의 약법 제2조는 도산의 전략적 사고를 여실히 보여주는 대목이라고 할 수 있다. 여기에도 도산의 애기애타 정신이 한 마디 군살도 없이 요약되어 있으며, 도산은 이를 당시 가장 절실한 현안과제라 할 수 있는 독립운동과 절묘하게 연결시키고 있다.

또한 도산이 직접 고안하여 실시한 흥사단 가입 시 단우 후보에게 행한 문답 역시 매우 논리적이며 전략적인 것이었다. 장시간에 걸친 문답과 토론과정을 통해 단우 후보의 자질을 철저히 검증함은 물론, 흥사단의 애기애타 정신을 단우 후보가 충분히 인지하는 계기를 마련한 것이다. 따라서 구체적 전략을 수립하는 것은 애기애타 리더가 네 번째로 해야 할 일이라 하겠다.

⑤ 열정적으로 실천한다

도산은 어디를 가든지 자신이 생각한 바를 실천으로 옮기는 열정적 행동가였다. 도산은 언제든지 독립활동을 위한 정치적 조직체를 결성하면서 이를 경제적으로 뒷받침할 경제사업을 추진하였다. 이와 동시에 인재양성을 위한 학교 또는 단체를 창립하였다. 20세 전후해서는 만민공동회 관서지부를 발기하면서 점진학교와 단포리교회를 설립하였고 황무지 개간사업을 전개하였다. 30세 전후하여 도산은 국내 비밀결사조직인 신민회를 결성하면서도 마산동 자기회사를 만들고 대성학교를 개교하였다. 35세 전후하여 도산은 미국에서 대한인국민회를 조직하면서 경제적 기반 마련을 위해 북미실업주식회사를 발기하였으며, 인재양성을 위한 흥사단과 클래어몬트 학생양성소를 창립하였다. 도산은 40세에 임시정부 국무총리 서리로 취임하면서도 개척사업을 함으로써 재정적 기반을 마련하고자 했고 인성학교 교장 직책도 수행하였다.

이와 같이 도산이 가는 곳마다 정치적, 경제적 그리고 교육적 활동을 동시에 전개하는 왕성한 실천력을 발휘한 근저에는 조국에 대한 뜨거운 열정이 있었다. 도산은 "나의 직업은 독립운동이며, 나는 먹거나 잘 때에도 독립만을 생각한다"라고 감옥에서 도산을 심문하는 관헌에게 진술한 기록을 통해서도 조국에 대한 도산의 열정이 잘 나타나 있다. 도산의 조국에 대한 사랑과 열정은 가히 초인적 수준이었다고 할 수 있다. 이것이 어려운 여건에서도 끊임없이 자신이 목표한 바를 행동으로 옮기는 힘의 원천이 되었다고 생각된다.

따라서 도산과 같이 자신이 목표한 바를 열정적으로 실천하는 '역행力行 정신'은 애기애타 리더가 해야 다섯 번째 일이라 하겠다.

⑥ 사랑을 연습하고 습관들인다

애기애타의 핵심 주제는 사랑이다. 따라서 애기애타 리더가 할 일 중 가장 중요한 것은 조직원을 사랑으로 대하는 것이다. 도산을 가까이 모신 이광수는 '도산 안창호' 전기 말미에 "동지애同志愛'와 '상애相愛의 세계'라는 주제의 장에서 도산의 사상과 생애를 '사랑'이라는 단어로 요약하고 있다. "너도 사랑을 공부하고 나도 사랑을 공부하자. 남자도 여자도 우리 2천만이 다 사랑을 공부하자. 그래서 이천만 한족은 서로 사랑하는 민족이 되자"라는 말을 도산은 "시를 읊듯이, 노래의 후렴을 부르듯이 감격에 넘치는 표정과 어조로 부르짖었다"라고 이광수는 전하고 있다. 이를 통해 우리는 사랑에 대한 도산의 생각이 얼마나 확고하고 열정적인가를 잘 알 수 있다. 도산은 흥사단 문답과정에서도 정의돈수情誼敦修 대목에 상당한 시간을 할애했는데, 그 이유는 단체의 생명은 주의主義의 일치에만 있지 않고 정의, 즉 사랑에 있다고 도산은 굳게 믿었기 때문이다.

이광수는 도산의 민족운동은 '민족에 대한 연애'였다고 말한다. "그가 민족의 장처長處를 말할 때에는 제 자랑과 같이 기뻐하였고, 단처短處를 말할 때에는 제 살을 깎는 듯이 슬퍼하였다"라고 이광수는 전하고 있다. "서로 사랑하면 살고, 서로 싸우면 죽는다"라는 것이 도산의 일관된 지론이었기 때문에 "동포에게만은 악을 악으로 대하지 말고 오직 사랑으로 대하자"라고 도산은 말하였다. "서로 사랑하는 마음으로 빙그레 웃는 세상을 만들어야 하겠소"라는 것이 도산이 말년에 송태산장에 기거하면서 방문객들에게 한 말이고, 이 책의 주제어인 '애기애타愛己愛他' 역시 도산이 말년에 가족들에게 보낸 친필 유묵의 내용이다.

이광수는 도산 전기 말미에 "도산은 우리나라를 사랑의 나라, 미소의 나라로 만들고 싶어 하였다. 그러하기 위하여 자신이 사랑과 미소를 공부하고 또 동지들에게 사랑과 미소 공부를 권면하였다. '훈훈한 마음, 빙그레 웃는 얼굴' 이것이 도산이 그리던 새 민족의 모습이었다. 백 년이 되거나 천 년이 되거나 이 모습을 완성하자는 것이 도산의 민족운동의 이상이었다"라고 적고 있다. 그래서 이광수는 자신의 문학활동에서도 도산이 강조한 "유정有情"과 '사랑'을 주제로 집필하였다.

결론적으로, 사랑이야말로 도산 리더십의 모든 것을 아우르는 주제이다. 따라서 사랑을 연습하고 습관들이는 것은 애기애타 리더가 할 일 중 으뜸되는 일이라고 해야 할 것이다.

⑦ 주인의식과 사랑으로 섬긴다

도산이 사랑 다음으로 강조한 주제는 주인의식이라고 할 수 있다. 도산은 1925년 1월 동아일보에 실린 '동포에게 드림'이라는 글과 1926년 6월 『동광東光』에 실린 "당신은 주인입니까"라는 기고문에서 '오늘 우리 사회에 주인되는 이가 얼마나 됩니까'라는 질문을 던지면서, 주인은 스스로 영원한 책임감을 갖는 사람이고 그렇지 못하면 객客에 불과하다고 주장하고 있다. 도산은 더 나아가 "자신의 지식과 자본의 능력이 짧거나 길거나 자기의 있는 능력대로 그 집의 형편을 살피어 그 집을 유지하고 발전시킬 만한 계획과 방침을 세우고 자기 몸이 죽는 순간까지 그 집을 맡아 가지고 노력하는 이라야 비로소 참주인입니다"라고 하면서, 주인으로서의 책임감이 있어야 조직을 위해 헌신적으로 봉사할 수 있음을 지적하고 있다.

우리는 제2장에서 그린리프의 서번트 리더십 개념 역시 헤르만 헤세의 소설 『동방순례』의 주인공 레오가 사실상 여행단의

애기애타 리더가 할 일

① 정직과 성실로 신뢰를 나눈다.
② 지식과 신용으로 힘을 기른다.
③ 선견지명으로 비전과 목표를 세운다.
④ 구체적 전략을 수립한다.
⑤ 열정적으로 실천한다.
⑥ 사랑을 연습하고 습관들인다.
⑦ 주인의식과 사랑으로 섬긴다.

주인이었기 때문에 여행단원들을 헌신적으로 섬길 수 있었음을 지적한 바 있다. 따라서 애기애타 리더가 마지막으로 할 일은 주인의식과 사랑으로 조직과 조직원을 섬기는 것이다.

마치며
애기애타 리더십의 미래

세계는 산업혁명 이후 2세기 동안 지속된 '대서양시대'에서 21세기에는 '태평양시대'로 전환되고 있다. 유럽과 미국의 동부가 세계의 흐름을 좌우하던 시대가 지나가고, 미국의 서부와 아시아가 세계의 주역이 되는 새로운 시대가 오고 있는 것이다. 이러한 태평양시대의 중심에는 중국, 일본, 한국으로 집약되는 동북아시아가 있다. 특히, 최근의 세계금융위기를 겪으면서 미국, 유럽에 비해 중국의 상대적 부상이 두드러졌으며, 이 과정에서 한국 역시 G20 그룹의 의장국이 되어 선진국과 개도국 중간에서 위기 후 새로운 국제금융질서를 설계하는 주도적 위치로 급부상하였다. 이에 더해, 한국은 태평양시대의 주역인 미국과는 이미 혈맹관계를 맺고 있고, 지리적으로도 태평양시대 아시아의 중심국가인 중국과 일본의 중간에 있으면서 이 두 나라들과 우호적인 관계를 유지하고 있다.

21세기 태평양시대를 이끄는 원동력은 당연히 IT 기술과 IT 산업이다. 미국에서 중심이 동부에서 서부로 이동하는 것도 IT 사업이 실리콘밸리로 대표되는 서부에 집중되어 있기 때문이다. 한국이 태평양시대에서 허브hub 기능을 담당할 수 있을 것이라는 이유 역시 한국이 이미 세계적 IT 강국이 되었다는 사실에 기인한다. 그러나 한국이 다가오는 태평양시대에 허브국가로서의 역할을 제대로 담당하기 위해서는 기술력과 경제력 부문에서의 우위만으로는 충분치 않다. 동양과 서양을 아우르고 선진국과 개도국의 입장을 조율할 수 있는 리더십이 있어야 하기 때문이다. 허브기능을 수행하는 데에 필요한 리더십 스타일은 위에서 군림하는 파워 리더십이 아니라 주인의식과 사랑으로 함께하는 서비스 리더십, 다시 말해, 이 책의 주제인 애기애타 리더십이라는 것은 자명한 일이다.

21세기는 '융합의 시대'라고도 한다. 기술 분야에서는 IT가 BT, 기계공학 등 다른 기술 분야와 융합하여 새로운 기술을 창출해 나가고 있고, 사회과학 분야에서는 경영이 디자인, 보건의료, 복지 등과 융합하여 디자인 경영, 병원경영, 복지경영 등의 새로운 분야를 개척해 나가고 있다. 리더십은 사회과학의 제 분야가 융합되는 대표적 사례라고 할 수 있다. 리더십 분야는 동양과 서양의 철학과 사상이 융합되고, 경영학, 심리학 등이 서로 하나로 합쳐 새로운 영역이 만들어지고 있는 것이다. 이 책의 주제인 도산의 애기애타 리더십은 그 내용이 현대적 의미의 리더십에서의 거의 모든 영역을 포함하고 있다. 또한, 애기애타 리더십의 주인의식과 사랑은 최근 리더십 분야에서 새롭게 부상되고 있는 서비스 리더십 개념을 가장 잘 설명해 주고 있다.

경기복지재단은 2009년 12월 그린리프Greenleaf 서번트 리더십센터 소장인 켄트 키스Kent Keith 박사를 한국에 초청하여 그린리프의 서번트 리더십과 도산 안창호의 애기애타 리더십을 비교·분석하는 국제심포지엄을 개최한 바 있다. 그 자리에서 서번트 리더십과 애기애타 리더십은 서양과 동양이라는 서로 다른 문화적 배경을 갖고 있고, 시기적으로도 전혀 다르며, 사회적 경험도 매우 다른 인물들에 의해 설파되었지만 그 기본정신은 같다는 데에 의견의 일치를 보았다.

따라서 필자와 키스 박사는 서비스 리더십 개념에 대한 연구를 국제적 차원으로 발전시키고 이런 정신을 현재 또는 미래의 리더들에게 교육하는 방법을 공동으로 개발하기로 합의하였다. 이러한 노력의 일환으로 필자는 2010년 6월 미국 애틀랜타 시에서 개최될 '서번트 리더십에 관한 국제회의'에서 도산 안창호의 애기애타 리더십에 관한 논문을 발표할 것이며, 이는 애기애타 리더십 개념을 국제화하는 계기가 될 것으로 기대한다. 이와 더불어 도산기념사업회는 현재 청소년들을 위한 애기애타 리더십 교육을 실시하고 있으며, 앞으로 이 프로그램을 해외동포 청소년들에게도 확대해 나갈 계획이다.

애기애타 리더십은 모든 것은 사랑으로 성장한다는 믿음에서 시작하여 우리 모두는 도움이 필요하도록 만들어진 존재들이라는 근원적 필연성에 그 실천 의의를 두고 있다. 이러한 마음가짐에서 시작하여, 애기애타 리더십의 '사랑 그리고 나눔'이라는 가치관을 새로운 패러다임으로 발전시켜 나가, 도산의 꿈처럼 이를 세계적으로 담대하게 전파하는 것은 우리 모두가 안고 있는 시대적 과제가 아닌가 한다.

사 랑 그 리 고 나 눔

부록 1

도산 안창호의 리더십 활동 연보

도산의 가족사진(1917)

부록 1

도산 안창호의 리더십 활동 연보[1]

1878년 1876년 2월 조·일 수호조약(일명 병자수호조약, 강화도조약) 조인

11월 9일 평남강서군에서 부친 순흥 안씨 안홍국安興國과 어머니 제안 황씨의 3남으로 출생. (큰 형은 안치호이고, 둘째 형은 일찍이 사망하였으며, 누이는 안신호)

1885년 7세

평양 대동강변 국수당으로 이주하여 한문 수학.

당시 대동강 모습

1889년 11세

부친 안홍국 별세.

1 본 부록은 도산안창호선생기념사업회가 1999년 3월에 출간한 『수난의 민족을 위하여: 도산 안창호의 생애』를 참조하여 작성하였다.

1891년 13세

서당에서 김현진에게 한문을 수학하고, 서당 선배 필대은과 교류하며 신사조新思潮를 배우기 시작.

밀러학당의 밀러 교장

1894년 16세

상경하여 밀러학당 보통부에 입학하여 영어와 서양의 문명을 수업하고 기독교 교육을 받았으며, 이즈음 예수교 장로교에 입교하고 필대은에게 선교. (처음에는 언더우드학당이라 했으나, 도산이 다닐 당시에는 밀러가 교장으로 재임했기 때문에 밀러학당이라 불렀고, 도산 졸업 후에는 구세학당이라 하였으며 훗날 경신학교로 발전)

1896년 18세 (1896년 독립신문 발간 및 독립협회 결성)

밀러학당에서 학업을 계속하면서 조교로 학생들을 지도.

밀러학당 학생들과 교사들

독립협회 회보와 독립신문

1897년 19세

독립협회에 가입하고 만민공동회 관서지부 발기.
이혜련과 약혼하고 정신학교에 입학시킴.

독립협회 평남지회 회원으로 활동할 당시 갓을 쓴 도산(가운데)

1898년 20세(1898년 12월 독립협회 강제해산)

평양 쾌재정快哉亭에서 만민공동회萬民共同會를 개최하고 '18조목의 쾌재快哉와 18조목의 불쾌不快'에 대한 연설로 웅변가로 명성을 날림.
서울 종로에서 열린 만민공동회에서 7대신大臣을 탄핵하고 6개조의 정치개혁안 건의.

1899년 21세 (1899년 12월 독립신문 폐간)

평남 강서구에 점진학교 설립. (점진학교는 강서군에 세워진 최초의 근대학교이며 남녀공학의 효시)
황무지 개간사업 전개.
탄포리교회(후에 기양교회) 설립.

1902년 24세

9월 3일 밀러 목사 주례로 서울 제중원에서 이혜련李惠練과 결혼.
9월 4일 교육학을 공부하기 위해 이혜련과 함께

이혜련과 결혼식을 올린 제중원 모습

인천항 출발.

10월 14일 샌프란시스코에 도착.

하와이 근해에서 자신의 아호를 도산島山으로 함.

샌프란시스코 공립소학교에 입학.

1903년 25세

9월 23일 샌프란시스코 한인친목회를 조직하고 회장에 피선.

유학 초기의 도산

1904년 26세 (1904년 2월 러·일 전쟁 발발)

3월 샌프란시스코에서 리버사이드로 이주.

기독교 경영의 신학강습소에서 영어와 신학을 수업하면서, 돈벌이를 위해 스쿨보이 일을 시작.

1905년 27세 (11월 17일 을사조약 체결)

3월 28일 장남 필립必立 출생.

4월 5일 한인친목회를 발전시켜 샌프란시스코에서 공립협회共立協會를 창립하고 초대 회장에 피선.

11월 14일 샌프란시스코 퍼시픽 가에 공립협회 회관 건립.

11월 20일 공립신보共立新報 창간호 발행.

안필립과 이혜련

1906년 28세 (일제는 한국 통감부를 설치하고, 초대통감에 이토 히로부미 임명)

4월 18일 샌프란시스코 대지진으로 공립협회 회관이 불타 오클랜드에 임시 본부 설치.

공립협회 창립회원
(오른 쪽 끝이 도산)

1907년 29세 (일제는 8월 1일 한국군대를 해산)

1월 초순 미주 내 공립협회 조직이 완비되자 국내에도 국민단체 결성의 필요성을 인식하고 리버사이드에서 대한인신민회 발기.

1월 8일 뉴욕에서 배편으로 한국으로 출발.

2월 초 동경 한인 유학생 단체인 태극학회에서 애국웅변을 행함.

2월 20일 국내에 도착.

4월 도산의 국민단체 결성 계획에 찬동한 인사들의 비밀결사조직인 신민회新民會를 창립. (주요 인사로 이동녕, 이시영, 안태국, 이승훈, 김구, 신채호 등이 있으며, 도산은 신입 회원들의 자격심사를 담당하는 '집행원' 직책을 맡음)

5월 12일 서울 삼평원에서 당시 열강 사이의 국제정세를 설명하고 장래

공립협회 회관 현재 모습

共立新報

The United Korean

FOR THE KOREANS AND BY THE KOREANS

Vol. II. No. 1.

공립협회 기관지 공립신보

타국과 개전할 준비를 역설하는 연설을 행함.

5월 20일 일본 동경에서 태극학회 회원들과 함께 민족운동의 앞날을 의논.

6월 중순 가옥개량과 모범농장 건설을 역설.

7월 8일 평양여자교육연구회 주최로 명륜당에서 여성교육의 필요성 역설.

大韓每日申報

신민회 기관지 대한매일신보

8월 해산 군인의 항일 격전장에서 부상 군인의 구호활동 전개.

10월 미주에서 귀국한 이강과 원동사업에 관한 계획을 의논.

11월 이토 히로부미와 회견하고, 그의 청년내각 제의를 일축.

1908년 30세 (1908년 3월 23일 샌프란시스코에서 전명운 · 장인환이 일제 통감부 외교고문인 미국인 스티븐스 처단)

1월 서우학회와 한북흥학회를 통합하여 서북학회를 창립.

3월 전국을 순회하면서 동지들과 신민회 사업을 의논.

9월 26일 평양에 민족교육의 요람 역할을 한 대성학교大成學校 개교. (도산은 윤치호를 교장으로 영입하고 자신은 이를 후원하는 역할 담당)

9월 평양 마산동의 최초의 주식회사인 자기瓷器회사(이덕환, 김남호 등 평양의 재산가들이 발기인) 설립하고, 평양 · 서울 · 대구 등지에 도서의 판매와 출

대성학교 교직원 및 학생들(1909)

판을 위한 태극서관(상업 총책임자 안태국) 설립.

10월 2일 원동에 독립운동 기지 개척사업을 위해 아세아실업주식회사를 발기. (후에 태동실업주식회사로 전환)

태동실업주식회사 주식

1909년 31세 (1909년 10월 26일 안중근 의사 하얼빈에서 이토 히로부미 처단)

1월 14일 YMCA에서 '전도와 희망'이라는 제목으로 연설.

안중근 의거 현장

2월 3일 대성학교 학생들에게 융희황제 서도 순행 중 일장기를 들고 나가는 것을 거부하도록 지시.

8월 신민회 조직으로 청년학우회를 창립하여 청년운동 전개.

10월 31일 안중근 의거 배후 혐의로 체포되어 영등포 감옥에 수감됨.

12월 31일 수감 2개월 만에 석방됨.

1910년 32세 (1910년 8월 29일 경술국치)

3월 망명직전 신민회 긴급간부회의를 개최하여 '독립전쟁론'을 최고 구국전략으로 채택하고, 국외

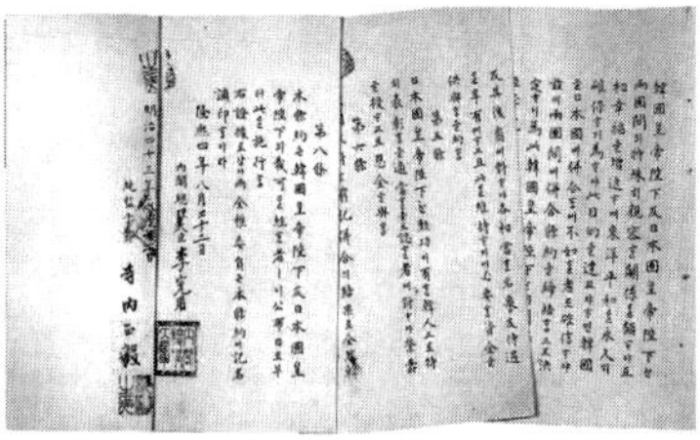

경술국치 조약문

의 독립군 기지 개척과 무관학교 설립을 결정.

4월 7일 국외로 망명을 위해 황해도 장연을 경유 중국 위해위威海衛로 감.

7월 초 중국 청도青島에 도착하여 이갑, 유동열, 김희선 등과 향후 계획을 논의.

8월 24일 블라디보스토크에 도착하여 재러 한인들을 대상으로 민족운동을 전개.

도산이 지은 거국가(去國歌)

12월 18일 시베리아 국민회 지방회와 재러 청년회원들과 함께 '자선공제회' 창립위원회 개최.

1911년 33세 (1911년 10월 중국의 신해혁명 시작)

1월 2일 재러 한인들과 학교설립을 의논하고, 한인 야학교에서 역사를 가르쳤으며, 애국 연설을 행함.

2월 7일 북만주 밀산 지역의 개척지를 돌아보고 블라디보스토크로 돌아옴.

3월 6일 블라디보스토크 청년단체 대표들과 회합.

8월 24일 미주로 가기 위해 북만주, 페테르스부르그, 베를린 등을 거쳐 영국 런던에 도착.

9월 2일 미국 뉴욕에 도착.

9월 26일 새클라멘토에 도착하여 한인 농장을 방문.

9월 28일 샌프란시스코에 도착하여 환영석상에서 연설.

11월 캘리포니아 한인사회를 순회.

1912년 34세 (1912년 1월 1일 중국 임시 대통령에 손문 취임)

1월 29일 자본금 4만 5,000달러로 북미실업주식회사 발기.

7월 5일 둘째 아들 필선必鮮 출생.

11월 8~29일 대한인국민회大韓人國民會 중앙총회를 조직, 초대 총회장에 선임.

대한인국민회 회관

대한인국민회 회원들

1913년 35세

5월 12일 신한민보가 재정난으로 정간되자 한인 예배당에서 "재미 한인의 실제책임"이라는 주제로 연설.

5월 13일 샌프란시스코에서 흥사단興士團 창립.

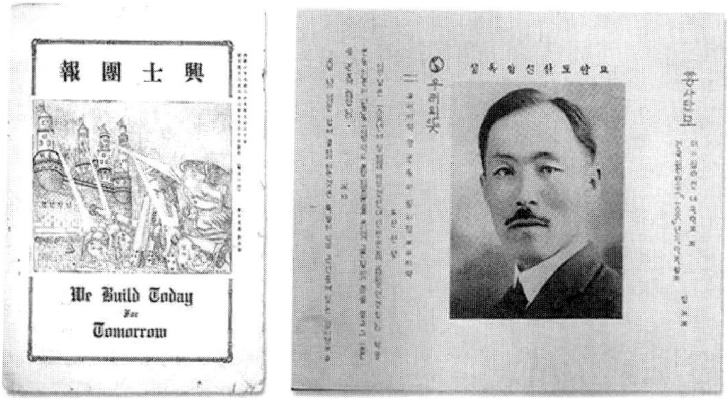

흥사단보('We Build Today for Tomorrow')

7월 2일 대한인국민회는 미국 국무성으로부터 "재미 한인에 관한 것은 일본관리를 통하지 않고 직접 한인과 교섭한다"는 약속을 받아냄.

대한인국민회 부설로 클래어몬트 학생양성소를 재창립하고 학생들에게 민족의 장래에 대해 이야기함.

클래어몬트 학생양성소 교사들과 함께

1914년 36세 (1914년 7월 28일 제1차 세계대전 발발)

4월 6일 대한인국민회 북미지방총회는 캘리포니아 주정부로부터 정식 사단법인 인가를 받음.

7월 말~8월 초 캘리포니아 각처 한인들을 예방.

8월 9일 샌프란시스코 한인 예배당에서 “인류의 행복'이라는 주제로 연설.

大韓人國民會北美地方總會官許狀

STATE OF CALIFORNIA

대한인국민회 관허장

8월 12일 샌프란시스코 한인 예배당에서 “우리의 준비시대”에 대해 연설.

1915년 37세

1월 16일 맏딸 수산繡山 출생.

2월 대한인국민회 중앙총회장에 선출.

6월 23일 대한인국민회 중앙총회장 취임연설.

안수산 여사와 아들 필립 커디와 함께 한 필자(2008)

8월 31일 하와이 국민회의 박용만과 이승만의 분규 해결을 위해 하와이 도착.

9월 13일 하와이 교민들을 대상으로 애국사상과 민족주의 정신을 고취하는 연설.

10~11월 하와이 각 섬 순행.

12월 하와이를 출발하여 샌프란시스코 도착.

대한인국민총회 기념관(LA, 현재 모습)

하와이 국민회 간부들과 함께

1916년 38세

2월 대한인국민회 로스앤젤레스 지방회에서 "우리 국민의 진화의 순서"라는 제목으로 연설.

4월 27일 클래어몬트 학생양성소 유년하기 강습소 설치를 위한 발기회 개최.

1917년 39세

1월 10일 흥사단 본부에서 북미실업주식회사 창립.

5월 27일 둘째 딸 수라秀羅 탄생.

8월 25일 클래어몬트 학생양성소에서 '대한인유년하기국어강습소' 개강.

10월 멕시코를 방문하여 재멕시코 동포가 해야 할 일들에 관해 연설하

대한인국민회 멕시코지방회원들과 함께

고, 한인사회를 통합하였으며, 농장주들과 한인 노동자 간의 새로운 계약체결을 주도하는 등의 계몽운동 전개.

1918년 40세 (1918년 11월 11일 제1차 세계대전 종전)

4월 23일 멕시코 한인들의 정황을 신한민보에 전함.

5월 29일 멕시코 출발.

10월 9일 로스앤젤레스 대한인국민회 지방회에서 "불행한 우리 한인은 희락이 없소"라는 연제로 연설.

10월 "전쟁 종결과 우리의 할 일"이란 담화문 발표.

수산과 수라와 함께(1919)

11월 1일 북미 · 하와이 · 멕시코 지방총회 및 동포들에게 단합을 강조하는 권고문 발송.

11월 25일 대한인국민회 북미지방총회를 소집하여 파리강화회의와 약소국민동맹회 한국 대표 파송을 결정.

12월 23일 한인 전체대회를 소집하고 시국문제를 논의.

1919년 41세 (1919년 3 · 1운동 발발)

3월 9일 대한인국민회 임시회의를 소집하여 대한독립선언에 대한 후원 방침 결정.

3월 13일 대한인국민회 전체대표회를 개최하여 대표로 선정되었으며, "삼일운동을 계승하자"고 연설하면서 미주동포들에게 재정공급의 책임을 강조.

3월 17일 북미, 하와이, 멕시코 각 지방에 특별위원 파견을 결정.

3월 29일 파리강화회의 각국 대표들에게 절대적 독립을 원하는 한

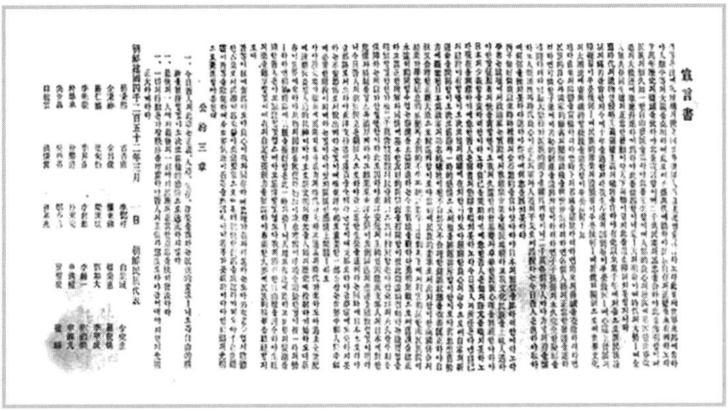
宣言書

公約三章

3 · 1운동 독립선언서

인들의 의지와 김규식 대표의 출석권 허락을 요구하는 전보를 보냄.

4월 1일 모금액 6천 달러를 갖고 상해로 가기 위해 뉴욕 출발.

5월 25일 호놀룰루, 홍콩을 경유하여 상해 도착.

6월 4일 상해 북경로 예배당에서 독립운동 진행방침에 대해 연설.

6월 28일 대한민국임시정부 내무총장 겸 국무총리 서리로 취임.

상해 대한민국임시정부 청사

국무총리 서리 당시의 도산(1919)

7월 8일 내무총장으로서 국채발행, 인두세人頭稅 징수 등으로 재정을 확보하고 파리와 워싱턴을 중심으로 외교에 힘쓴다는 내용의 시정방침을 임시의정원에서 발표.

대한민국(Republic of Korea)임시정부 발행 공채

7월 10일 임시정부 국무령 제1호로 연통제聯通制 실시를 공포하고, 상해 임시정부와 미주 대한인국민회의 통합을 결의.

대한적십자회 설립

7월 13일 내무총장 명의로 대한적십자회를 설립.

7월 17일 사료편찬위원회 총재로 선임되어 사료편찬 착수.

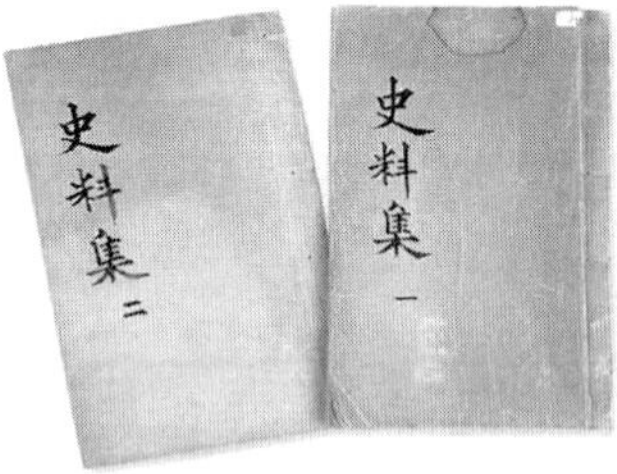

당시 출간된 사료집

8월 21일 임시정부 기관지 '독립' 창간. (9월 25일부터 '독립신문'으로 제호 변경)

9월 2일 내무총장 직속의 선전위원회 설치.

9월 6일 임시의정원에서 통합임시정부 체제를 이루는 새로운 임시헌법 제정.

9월 28일 임시헌법 개정안과 임시정부 개조안을 국무원에 제출.

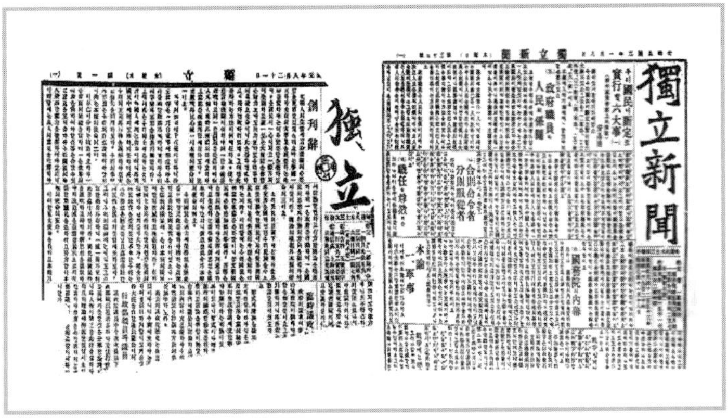

創刊辭

獨立新聞

대한민국임시정부 독립신문

12월 7일 상해 교민단사무실에서 "방황하지 말자"라는 요지로 연설.

1920년 42세

1월 3일 교민단 신년축하회 석상에서 "우리 국민이 결단코 실행할 6대사"라는 제목으로 군사·외교·교육·사법·재정·통일의 6개 부문의 구체적 정책과 실행방안 제시.

1월 19일 임시정부 선전위원장에 피선.

2월 8일 군사연구회에 참석하고 군사연구부를 조직.

2월 14일 도산에 대해 지방열·야심가 등의 비난이 일자 사직서를 제출. 상해에서 처음으로 흥사단 입단식 거행.

3월 1일 노동국 총판 자격으로 3·1절 기념행사에서 내부 분열을 종식하고 일제만을 상대로 투쟁할 것을 호소.

3월 10일 지방선전총판에 임명되어 선전부 업무를 전담.

3월 20일 임시헌법에 한국인의 병역의무를 규정하고 군적 등록운동을 전개.

4월 24일 이동휘·이동녕·이시영 등과 시국수습책 논의.

5월 7일 남만주 광복군사령부를 발전시킨 '대한광복군총영' 설치.

5월 17일 북간도, 노령, 남간도 등지에 대표를 파견하여 임시 거류민단제 설치.

8월 15일 북경에서 미국 의원단을 방문하고 교섭함.

9월 3일 상해 모아당에서 태평양 회의에 관하여 외교론에 의지한 노선을 비판.

9월 중국 · 러시아 · 국내 · 일본 등지를 활동 범위로 하는 흥사단 원동임시위원부 설립.

흥사단 원동임시위원부 창설위원들과 함께

11월 27일 대독립당 건설을 주창하는 강연을 함.

12월 21일 강령리 한인교회에서 북간도 동포 구제를 위한 연설회 개최.

12월 29일 흥사단 제7회 대회를 원동에서 처음으로 개최.

1921년 43세 (1921년 7월 7일 이승만 지지세력 하와이에서 '동지회' 결성)

2월 27일 이동휘 · 이시영 · 신익희 등의 총리직 제의를 거절.

5월 11일 노동국 총판직 사임.

대한민국임시정부 및 임시의정원 간부들과 함께(1921)

5월 12일 상해 상현당에서 여운형과 함께 국민대표회의 소집을 요구하는 연설회를 개최하고 '국민대표회의 기성회' 조직.

5월 29일 국민대표회의 발기회 결성.

7월 7일 미주 · 하와이 · 멕시코 홍사단원 앞으로 "동지에게 주는 글" 보냄.

9월 1일 대태평양회의 외교후원회 회의 석상에서 연설.

9월 14일 미국 비자를 신청했으나 거절됨.

11월 상해 인성학교 교장 취임. (9개월간 교장 역임)

인성학교 야유회에서

1922년 44세 (1922년 6월 17일 이승만, 임시정부에서 불신임 당함)

1월 23일 만주의 독립군단체인 통의군 결성에 참여하고 총장에 선임됨.

2월 12일 서울 서대문 소재 이광수 자택에서 '수양동맹회'가 결성됨.

6월 6일 국민대표회의 기성회 제1회 총회에서 임시회장으로 선출됨.

7월 상해에서 각 분야의 의견을 수렴하는 '시사책진회'를 조직하고 회장에 선출됨.

8월 14일 국민대표회의 기성회 개최.

11월 '각파혁명이론비교연구회' 참여.

1923년 45세

1월 3일 국민대표회의 본회 개최.

1월 18일 국민대표회의 부의장에 선임됨.

5월 15일 63회 회의를 끝으로 국민대표회의 결렬됨.

길림성 이상촌 후보지

12월~1924년 1월 독립운동 기지로서의 '이상촌理想村' 건설을 위한 산해관 · 금주 · 호로도 등지를 답사.

1924년 46세

2월 중순 상해에서 '대동통일취의서'를 발표하고 통일운동 재개.

3월 3일 미주 홍사단의 자금 지원으로 남경 동명東明학원 개교

동명학원 창립 당시 교사들과 함께

4월 8일 북경에 온 이광수를 만나 수양동우회를 원동홍사단의 지부 조직으로 할 것을 합의하고 잡지 발간에 대해 의논.

10월 30일 남경에서 제10회 홍사단원동대회 개최.

11월 22일 상해에서 하와이로 출발.

하와이 동포들과 함께(1924)

12월 16일 미국 샌프란시스코 도착.

1925년 47세 (1925년 3월 23일 대한민국 의정원은 이승만을 탄핵하고 박은식을 대통령으로 추대)

1월 20일 이유필과 조상섭에게 보낸 편지에서 임시정부 과도기 수반으로 박은식과 이상룡을 추천.

1월 23~26일 동아일보에 "동포에게 고하는 글" 연재. (중도에 중단됨)

4~7월 미국 동부지방의 교포사회 순회.

5월 22일 필라델피아의 서재필 집 방문.

6월 17일 시카고 한인학생대회에서 "우리 주의 정신과 사업진행"에 대해 연설.

1-8. 國內同胞에게 드림 (『東亞日報』 1925. 1. 23~26)

國內同胞에게드림 (一)

東亞日報를通하야

島山 安昌浩

도산의 '국내동포에게 드림' 기고문

6~7월 장리욱과 솔트레이크 등 미국 각지를 답사하고 독립운동기지로서의 '이상촌' 건설을 위한 정보 수집.

8~11월 캘리포니아 지역 한인 벼 농장을 순회.

장리욱과 함께

1926년 48세 (1926년 6월 10일 6·10만세운동 발발, 12월 14일 김구가 임시정부 국무령에 취임)

1월 8일 수양동맹회와 동우구락부를 수양동우회로 통합.

3월 1일 하와이 한인 예배당에서 연설.

3월 23일 경유지인 오스트레일리아 시드니에 도착하여 개척지에 대한 자료 수집.

4월 14일 시드니 출발.

5월 8일 도산 부재 시 도산을 임시정부 국무령에 선임.

5월 16일 상해에 도착하여 국무령 취임 거부의 뜻을 전달.

5월 20일 『동광東光』 잡지 창간호 발행.

산옹山翁이라는 필명으로 "합동과 분리"(1926년 5월), "당신은 주인입니까"(1926년 6월), "무정한 사회와 유정한 사회"(1926년 6월), "합동의 조

1-23. 靑年에게 呼訴함 — 人格完成, 團結訓練에 대하여 (『東光』 1931. 2)

青年에게呼訴함

人格完成, 團結訓鍊에對하야

山翁

『동광』에 실린 도산의 글

건 : 지도자"(1926년 8월), "부허를 떠나 착실로 가자"(1926년 9월), "오늘의 조선학생"(1926년 12월) 등의 글을 기고.

7월 8일 상해 삼일당에서 '임시정부 존립과 대혁명당 조직'에 대한 연설회 개최.

7월 19일 삼일당에서 임시정부 경제후원회 창립총회 개최.

9월 11일 유일독립당 결성의 필요성에 대한 강연.

9월 26일 3남 필영必英 출생.

10월 16일 대독립당 북경촉성회 결성.

12월 유일당운동과 이상촌 후보지 탐색을 위해 만주로 출발.

1927년 49세

1월 27일 길림성에서 "조선 독립운동의 과거와 현재"라는 주제로 강연.

강연 도중 중국 경찰에 의해 체포되었으나 20여일 만에 석방됨.

2월 만주 각지를 순방하여 대동단결을 호소하는 강연.

3월 21일 한국유일독립당 상해촉성회 결성.

4월 1일 만주 한인들의 생활안정을 위한 '농민호조사農民互助社' 건설.

百餘名으로講演會場包圍
百餘名을各處住宅搜索
—軍警이出動하야吉林當局의處事—
安昌浩氏外二百名同胞를檢擧

吉林을中心
安昌浩氏活動
各團結合○○團組織

◇安氏逮捕를計劃

婦女兒童은一時監…
○○會主催講演…

길림에서 도산 활동 기사

유일당 운동 동지들과 함께

5월 8일 한국유일독립당 광동廣東촉성회 결성.

7월 初 한국유일독립당 무한武漢촉성회 결성.

8월 1일 『동광』 잡지 통권 16호를 내고 휴간.

9월 27일 한국유일독립당 남경촉성회 결성.

11월 상해에서 한국독립당관내촉성회연합회를 개최하고, 독립운동의 흥패가 당조직 여부에 있음을 주창하는 선언서 발표.

1928년 50세 (1928년 12월 10일 코민테른이 12월 테제 발표를 통해 좌파에게 민족 부르주아 세력과의 결별을 요구)

5월 20일 중국 세계신문사와 중앙일보에 양국 합작을 강력하게 요구하는 "고중국 혁명동지" 논설을 게재하고 중국과의 협동전선을 제안.

5월 만주 길림성吉林省에서 전민족유일당조직촉성회 개최.

12월 20일 연희전문 축구단 학생들에게 "개인은 민족에 봉사함으로써 자신에 대한 의무와 인류에 대한 의무를 완수한다"라는 요지의 대공주의大公主義를 제창.

1929년 51세 (1929년 좌익세력은 상해 한국독립유일당 상해촉성회 해체를 발표하고 '유호한국독립운동자연맹'을 결성)

2월 8일 "미국 내 거주하는 동지 여러분께"라는 글을 통해 홍사단이 수양단체가 아니라 혁명훈련단체임을 천명.

2월 필리핀을 방문하고 필리핀에 대한인국민회 지부 설치.

3월 30일 필리핀에서 중국으로 귀환.

10월 26일 상해유일당 촉성회 해체 선언.

11월 유일당 원칙에 찬동하는 각 단체를 규합하여 한국독립당 결성에 착수.

1930년 52세

1월 제16차 흥사단 원동대회 개최.

1월 25일 민족주의자 25명의 발기로 한국독립당을 창당하고 대공주의에 입각한 강령 작성.

2월 말 임시정부의 반대로 한국독립당 해산.

4월 5일 각지에 산재한 독립운동단체들의 대표회의를 6월 초 천진에서 갖자는 소식을 각 단체에 송부.

6월 15일 대한대독립당주비회 명의로 기관지 조선지혈朝鮮之血 창간호 발간.

12월 흥사단원을 중심으로 한 경제합작운동인 동인호조사同人互助社 창립 계획 발표.

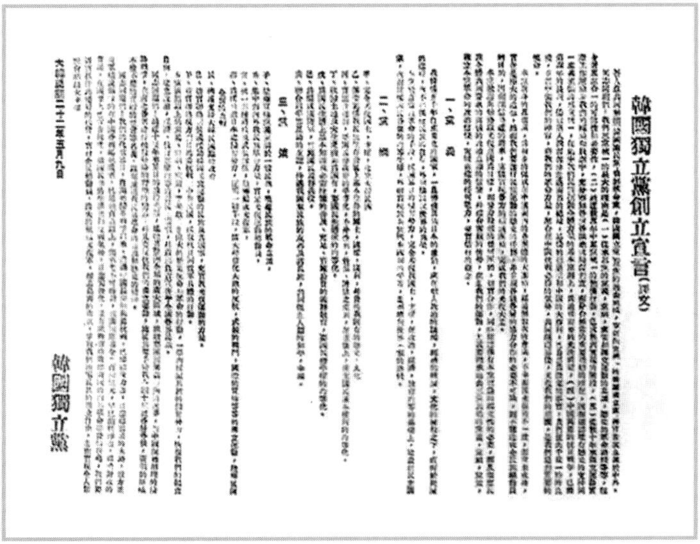
韓國獨立黨創立宣言

韓國獨立黨

한국독립당 창당선언문

1931년 53세 (1931년 9월 18일 만주사변 발발)

1월 홍사단 제17회 원동대회 개최.

1월 1일 『동광』 잡지 속간.

2월 『동광』 잡지에 "청년에게 호소함 : 인격완성, 단결훈련에 대하여" 기고.

3월 25일 동인호조사를 공평사로 개칭하고 홍사단 본부에서 창립총회 개최.

5월 11일 중국국민당 전당대회에 참석하여 만주의 한인대표에 관한 교섭활동 전개.

7월 18일 중국 측과의 적극적 교섭을 위해 상해 한인각단체연합회를 재결성.

10월 27일 중국대표들을 초대하여 한·중 연합투쟁에 대해 협의.

11월 상해에 온 중국 국민당 왕정위汪精衛를 방문하여 '대일전선통일동맹'이라는 합작기구 조직을 협의.

12월 초 홍사단 본부에서 중국 측과 공동으로 대일전선통일동맹을 결성.

1932년 54세 (1932년 3월 1일 일본은 만주국 건국)

1월 8일 이봉창 의사가 일본천왕에게 폭탄을 던졌으나 실패하고 체포됨.

1월 18~19일 상해에서 홍사단 제18차 홍사단 원동대회 개최.

4월 29일 윤봉길 의거 발발.
도산은 이유필 집을 방문하던 중 프랑스경찰에 의해 체포되어 일본경찰에 인도됨.

5월 30일 상해에서 국내로 호송됨.

6월 2일 상해에서 도산 석방을 위

윤봉길 의사

한 후원회가 결성됨.

6월 7일 서울로 압송됨.

7월 25일 '치안유지법 위반'으로 기소돼 서대문 감옥에 수용.

12월 19일 경성지방법원으로부터 4년 실형을 선고 받음.

감옥으로 호송되는 도산(1932)

1933년 55세

항소 포기하고 서대문 감옥에서 대전 감옥으로 이감됨.

1934년 56세

대전 감옥에서 복역.

도산이 가족에게 보낸 옥중 편지(1933)

서대문 감옥 내부

1935년 57세

2월 10일 대전 감옥에서 가출옥해 서울 박홍식 집에서 유숙함.

2월 11일 평양에 도착하여 김동원 집에 유숙함.

가출옥 후 여운형(왼쪽), 조만식(오른쪽)과 함께

2월 14일 고향에 있는 기양 교회에서 설교함.

2월 16일 서울로 출발. 서울로 돌아온 후 영호남 지방을 순회하고, 이어 평북지역을 순회한 후, 평남 대보산에 송태산장을 손수 짓고 그곳에 은거.

9월 5일 안동청년회 요청으로 강연하였는데 이곳에 2,000여 명의 관중이 모임. 이 강연에서 도산은 인재양성론과 대공주의를 주장.

11월 13일 평양에서 도산 환영회를 개최하려 했으나 일본 경찰이 중단시킴.

송태산장 전경

신윤식, 이광수 등 지인들과 함께(1935)

지인들과 함께(1936)

1936년 58세 (1936년 8월 손기정 베를린올림픽 마라톤경기에서 우승)

2월 20일 남부 지방 순회를 위해 서울 출발.

2월 30일 서울 도착

1937년 59세 (1937년 7월 28일 일본군 북경 점령, 12월 13일 남경 점령)

지인들과 함께(1937)

6월 28일 '동우회사건'으로 평양동우회 회원들과 송태산장에서 일본 경찰에 의해 피체.

8월 10일 종로경찰서에 유치됨.

11월 1일 서대문 감옥으로 이감됨.

12월 24일 숙환인 위장병 및 폐결핵 증세로 보석 출감되어 경성제국대학 부속병원에 입원.

감옥에서의 도산(1937)

1938년 60세

1월 동우회 회원 42명은 '치유지안법 위반'으로 송치됨.

3월 10일 경성제국대학 부속병원에서 간경화증 등으로 서거.

3월 12일 도산 선생의 유해 망우리 공동묘지에 안장.

3월 13일 중국 한구漢口에서 좌파세력들이 도산 추도식 거행.

號外

安昌浩先生長逝

臨時政府緊急會議

도산 서거 호외

3월 13일 하와이 대한인국민회 주최로 도산 추도회 거행.

3월 22일 미국 로스앤젤레스에서 도산 추도식 거행.

도산 추도식, 미국 로스앤젤레스

4월 10일 중경重慶에서 도산 추도식 거행.

1947년

3월 10일 도산안창호선생기념사업회 창립.
위원장에 유동열, 고문에 서재필 · 이승만 · 김구 · 이시형 · 김규식 · 조만식 등 선임.

일본이 진주만을 공격하자 미국군대에 자진 입대한 필영, 필립, 수산(1944)

도산에 관한 김구 휘호

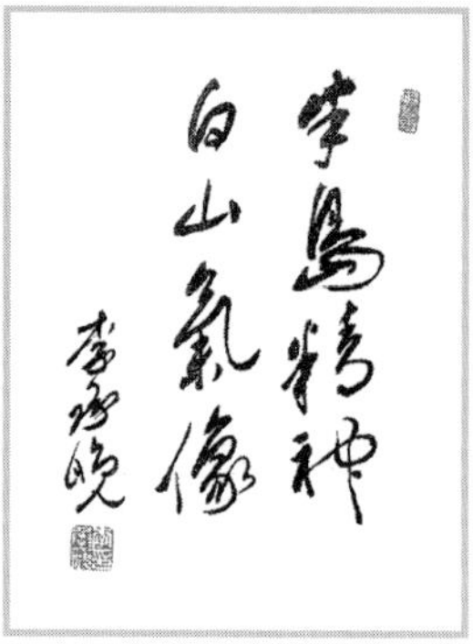

도산에 관한 이승만 휘호

1948년

홍사단 본부를 국내로 이전.

1962년

3월 1일 건국공로훈장 대통령장 수령.

흥사단 본부 건물(현재)

1969년

4월 21일 부인 이혜련 여사 로스앤젤레스에서 별세.

이혜련 여사를 맞고 있는 박정희 대통령

1971년

4월 6일 서울 강남구 신사동에 도산공원 기공.

도산 선생과 이혜련 여사 묘소, 도산공원

1972년

8월 22일 도산안창호기념사업회 재발족.

1973년

11월 10일 망우리 공동묘지의 도산 선생의 유해와 미국의 이혜련 여사의 유해를 서울 강남에 위치한 도산공원에 이장 · 합장함.

1985년

3월 9일 도산사상연구회(2002년 도산학회로 개면) 발족.

1997년

12월 23일 도산안창호기념관 기공식.

도산안창호기념관 기공식

1998년

11월 9일 도산안창호기념관 개관.

도산안창호기념관 개관식

도산기념관 전경

도산기념관 전시실

사 랑 그 리 고 나 눔

부록 2

리더십에 관한 도산 안창호의 주요 글

도산의 말씀(도산공원)

* 본 부록은 도산안창호기념사업회가 2000년 11월에 출간한 『도산안창호전집』 제1권에 실린 원문을 필자가 읽기 쉽도록 편집하였다.

1

합동의 조건 : 지도자[1]

『동광』, 1926. 8

우리가 상당한 공통적 방침 하에 서로 믿고 모이어 협동적으로 나아가려 하면, 없지 못할 필요한 물건이 지도자외다. 세상 무슨 일이든지 단독적 행동에는 자기의 이익을 위하여 좋은 지도자의 지도를 요구하되 그다지 절실한 필요가 없다 하려니와, 협동적 생활에 이르러서는 적은 협동이나 큰 협동이나 그 협동한 전체를 지도하는 지도자가 있고야 협동의 사실을 이루고 협동의 효과를 거둡니다. 이와 반대로, 지도자가 없다고 하면 협동은 한다고 하더라도 그 사실을 이루지 못하고, 따라서 그 효과를 거두지 못합니다.

적은 음악 하는 일을 한 가지 두고 생각합시다. 나팔이나 피아노나

1 '합동의 조건'은 도산이 쓴 글 중 가장 분량이 많고, 도산의 지도자론이 매우 체계적으로 정리된 글이다. 이 글에서 도산은 지도자의 개념을 명쾌하게 정리하고, 지도자를 선별하는 방법을 제시함은 물론, 일단 선택된 지도자에 대해서는 협조와 격려를 아끼지 말 것을 당부하고 있다.

일종의 악기를 가지고 독주를 하면 모르거니와, 북과 나팔이나 퉁소나 거문고들의 여러 악기를 합하여 협동적으로 음악을 연주할 때는 악대 전체를 지도하는 지도자가 있습니다. 이것은 어떤 사람에게 지도자라는 칭호를 주기 위하여 됨이 아니오, 협동적 음악을 이룸에 없지 못할 필요가 된 고로 지도자를 두게 된 것이외다. 어디 이것뿐인가? 한 때, 한 시 어느 지방에 구경을 가되 단독적이 아니오 협동적 관광단일 것 같으면 반드시 그 여행단을 인도하는, 명칭은 무엇이든지, 지도자가 있고야 그 협동적 여행을 이루게 됩니다. 이것뿐일까? 군대 · 경찰 · 실업단 · 교육단 · 정당 · 연구회 등 이루 들어 말할 수 없는 천종만종의 인류의 협동적 행동에는 정해놓고 지도자가 있습니다. 소협동에는 소지도자가 있고, 대협동에는 대지도자가 있습니다. 그런고로, 한 민족의 협동에는 한 민족을 대표하는 지도자가 있고야 맙니다.

여러분이시여 보시지 않습니까? 어떠한 분자로, 어떠한 주의로 조직된 민족이든지 그 민족에는 그 민족의 지도자가 있지 않습니까? 소위 민족주의를 타파하고 세계주의를 표방한다는 그 민족에도 그 주의를 가지고 일하는 그 민족의 대표가 있습니다. 여러분이시여! 우리는 그와 같이 지도자를 세웠습니까, 아니 세웠습니까? 이 글을 보시는 형제나 자매 중에 혹 말 하기를 이것을 누가 모를까, 쓸데없는 유치한 이야기라 할지 모르겠습니다. 그러나 조선사회의 현상을 보면, 이것을 진정으로 아는 사람이 많은지 적은지 크게 의문되었습니다. 근대의 청년들은 평등동등설平等同等說을 주창하면서, 평생 자기는 지도자를 두는 것이 모순된다고 생각하는 듯합니다. 나는 아직까지 우리 사람들이 '합하자', '합하자' 말은 하지마는, 합동의 사실을 이루는 지도자를 세우는 것을 큰 일로 알고, 그것을 위하여 생각하고, 힘을 쓰는 사람을 만나보기 어려웠습니다.

지도자가 있는가 없는가

그런데, 지도자를 세워야 할 것은 물론 필요하지마는 내세울 지도자가 있는가 없는가 한 것이 문제입니다. 내가 내 귀에 많이 들리는 말은 조선사회에는 아직도 지도자 자격이 없으니까, 지도자를 아무리 세우려 하더라도 사실 불가능함으로, 앞으로 지도자의 자격이 생기는 때에는 세우려니와, 당분간은 할 수가 없다고 말을 합니다. 과연 그런가? 아닙니다. 오늘에 만일 지도자의 자격이 없다고 하면, 나중 백 년 천 년 후에라도 지도자의 자격이 없을 것이요, 나중에 지도자의 자격이 있으리라고 하면, 오늘에도 그 지도자의 자격이 있습니다. 오늘에 지도자의 자격이 없다고 말하는 사람은 아직도 그 지도자가 무엇인지를 모르는 때문인가 합니다.

지도자의 자격을 무엇으로 판정하는가? 어떠한 협동이든지 그 협동 중에 앞선 사람은 곧 지도자의 자격을 가진 자외다. 바꾸어 말하면, 지도자의 자격은 비교문제로 생기는데, 그 비교는 다른 협동적 인물과 비교하는 것이 아니요, 어떤 협동에서든지 그 협동 자체의 인물 중에 비교하여, 그 중 앞선 사람을 지도자의 자격으로 인정하게 됩니다.

지도자는 분명히 있다

아까 음악대를 말하였지마는, 음악대라는 명사는 같되, 우등 음악대와 열등 음악대의 여러 층의 구별이 있습니다. 그런데 우등 음악대에는 우등 음악지도자가 있고, 열등 음악대에는 열등 음악지도자가 있어서, 열등 음악대의 지도자를 우등 음악대의 지도자에 비하면 지도자의 자격이 못 된다 하려니와, 열등 음악대의 단원에 비하여 앞선 때문에, 그 음악대에서는 완전한 지도자의 자격이라고 칭할 수 있나니, 어찌 음악대뿐일까? 고상한 학자가 모인 협동에도 여러 학자에 비하여 앞선 자가 그 협동 자체의 지도자가 되고, 무식한 노동자들 모임에는 그 노동자 중에 앞선 사람이 그 노동자 협동의 지도자가 됩니다.

그 협동 자체가 없으면 모르거니와 협동 자체가 있는 시일에는 반드시 지도자가 있고, 지도자를 택함에는 딴 협동체의 인물과 비교하지 아니하고, 그 협동 자체 인물과 비교하여 택하는 것이 인류사회의 협동적 생활의 기본이 아닙니까? 그런즉, 오늘 우리 민족사회의, 낮다고 하면 낮더라도, 오늘 형편에 의지하여 앞선 지도자의 자격이 있겠고, 앞날에 우리 정도가 높다고 하면 그 날 높은 정도에 의지하여 앞선 지도자가 있겠습니다. 그런고로 지도자의 자격이 없는 시간은 절대로 없습니다. 지도자의 자격이 없다고 하는 것은 그 협동의 진의를 깨닫지 못하고 스스로 지도자를 세우지 않는 것뿐입니다.

● 위인의 마음으로 위인의 길

여러분 생각하여 보시오! 우리 조선사람은 성의나 능력이 수평선처럼 다 같고 앞서고 뒤선 사람이 없다고 봅니까? 그럴 리는 만무하지요. 내 눈으로 고국을 들여다 볼 때에는 고국 안에 우리 지도자가 될만한 자격을 갖춘 위인들이 있습니다. 나는 그네들을 보고, 사랑하고, 공경하고, 내 맘으로 그이들을 우리 지도자로 세웠었습니다. 여러분도 다 보시겠지요! 위인이란 별 물건이 아니오, 위인의 맘으로 위인의 일을 하는 자가 위인입니다. 남이야 알거나 모르거나, 욕을 먹고 압박을 받아 가면서 자기 금전 · 지식 · 시간 · 정력을 다 내어놓고, 우리 민족을 위해 일하는 그네들은 곧 위인의 맘으로 위인의 일을 하는 우리 지도자가 될만하기에 넉넉합니다. 이런 사람이 있는가 없는가, 분명히 있습니다. 내 눈에 보일 때에는 여러분의 눈에도 응당 보이겠지요.

이와 같이, 성의와 재능으로 앞선 사람들이 있는데 어찌하여 지도자의 자격이 없다고 합니까?

시기를 버려라

내가 바로 살피었는지 모르거니와, 오늘 우리 사회를 대표한 지도자가 세워지지 아니한 것은 지도자가 없다는 것이 이유가 되지 못함은 물론이거니와, 이 밖에 다른 이유가 많다고 할지는 모르거니와, 가장 큰 이유는 우리 민족의 원수라고 인정할만한 시기猜忌 하나 때문입니다. 우리 사람은 지도자를 세우고 후원하기에 힘쓰는 것은 고사하고, 지도자가 세워질까 두려워하여, 지도자가 될 만한 사람은 거꾸러트려 지도자가 못 되기에 노력을 하는 듯합니다. 우리 역사에 이순신은 가장 비참하고 적당한 실례입니다. 그를 꼭 지도자로 삼고 후원하여야만 할 처지였거늘, 선인들은 시기하고 모함하여 거꾸러트리고야 말았고, 근대에도 유길준 같은 어른은 우리의 지도자가 되기에 합당하였건마는, 우리의 선인들은 그를 지도자로 삼지 아니하고, 압박과 무시를 더하다가, 마침내 그의 불우의 일생이 끝날 때에야 성대한 회장會葬을 한 것을 보고 나는 슬퍼하였습니다. 언제든지 이 현상이 변한 후에야 조선민족이 민족다운 운동을 하는 길에 들어서겠습니다.

일하고 도리어 욕먹어

여러분이시여! 우리 사회 중에 같은 자본력을 가진 사람 중에 그 금전을 조선사람을 위하여 한 푼도 쓰지 아니하거나, 도리어 그 금전을 우리 민족에게 해로울 만한 데 쓰는 사람에 대하여서는 아무런 말이 없고, 우리 민족을 위하여 자기의 금전을 쓰는 사람들에게 대하여서는 비난과 핍박이 있습니다. 적게 쓰는 사람에게는 적은 핍박이 있고, 크게 쓰는 사람에게는 큰 핍박이 있는 것이 보입니다.

같은 신新지식을 지닌 사람 중에 그 지식을 민족을 위하여 쓰지 아니하거나 쓴다면 해롭게 쓰는 사람에게는 아무런 말이 없고, 그 지식을 민족을 위하여 공헌하는 사람에게는 비판과 핍박이 있습니다. 이도 적게 쓰는 사람에게는 적은 핍박이 있고, 많이 쓰는 사람에게는 많은 핍박이 있습니다. 다시 말하면, 인격도 없고, 성의도 없는 사람에게는 아무 문제가 없고, 상당한 사람, 성의 있는 사람에게 향하여는 화살을 던지고, 칼을 던지는 것이 지금의 사실인가 합니다. 누구든지 지방 군중의 신임을 거두면 각 지방에서 그 지방파의 괴수라 하고, 공격과 비평을 더합니다. 누구든지 한 단체, 한 기관의 신임을 거두게 되면, 각 방면이 일어나서 파당의 괴수라 칭하고, 공격을 시도합니다. 누구든지 두뇌에 가진 지식이 다수 청년의 흠앙欽仰을 받을만하면, 어떤 수로든지 허물을 찾아서 그 사람의 신용을 거꾸로 치고야 맙니다.

여보시오! 민족을 위하여 돈을 쓰는 사람은 안 쓰는 사람에 비하여 앞선 사람이요, 자기의 지식, 자기의 시간, 자기의 정력을 쓰는 사람은 안 쓰는 사람에 비하여 앞선 사람이요, 한 지방이나 한 단체에서라도 신임을 거두는 사람은 신임을 거두지 못하는 자에 비하여 앞선 사람이요, 다수 청년의 흠앙을 받는 자는 그렇지 못한 자에 비하여 앞선 사람인 것은 사실입니다. 그러나 우리는 위에 말한 바와 같이, 앞선 사람을 기어이 거꾸로 치고야 말려고 하여, 오늘 우리 사회에 가장 시간을 많이 허비하고, 골몰하게 생기는 일은 지도자 될 만한 사람을 지도자 못되게 하는 일인가 합니다.

오늘 우리 사람들의 풍조를 보면, '누구를 숭배한다', '누구 부하가 된다' 하면 수치 가운데 가장 큰 수치로, 욕 가운데 가장 큰 욕으로 압니다. 그러므로 어떤 사람을 자기 양심상 숭배하고, 지도자로 받는 이가 있지마는, 옛날 베드로가 자기 스승 예수를 모른다 한 것처럼 사회 사람에게 대하여는 숭배 아니하는 듯한 형식을 꾸미고, 자기가 옳다고 인정하는 사람에 대하여 누가 어떠한 비난을 하든지 한 마디 변명을 못합니다. 그런고로 오늘 우리 사회에는 사람에 대한 존경어가 없어지고, 그 대신 모욕어와 무시어가 많이 번성하는 것 같습니다.

● 죄를 남에게 미루지 마라

현재의 우리 사람들이 지도자라면 말부터 하기 싫고, 듣기도 싫어하는 것 같습니다. 그런고로, 지도자를 세워야 되겠다는 의견을 가진 사람이라도 문제를 가지고 공중을 향하여 반론하기를 주저합니다. 그 이유는, 그 말을 하여야 효과를 거두지 못하고, 자기를 지도자라고 섬기어 달라는 뜻이라는 혐의나 받고, 군중에게 배척을 받을까 두려워하기 때문입니다. 아아 슬프다! 내 말이 너무한지 모르거니와, 오늘 우리 사회 현상은 과연 지도자를 원하지 않는 것이 극도에 달하였습니다. 혹은 말하기를, "지도자들이 바로만 하면 지도자를 세우지 않을 이유가 있으랴, 지도자 놈들이 협잡이나 싸움만 하기 때문에 우리가 지도자로 세우지 않는다"고 말합니다. 그러나 이것은 말이 되지 못합니다. 지도자란 것은 앞선 사람이라 하는데, 협잡만 하고 싸움만 하는 사람은 벌써 뒤 떨어진 사람이거늘, 지도자란 말부터 당치 아니한 말입니다.

그러면 "협잡 아니하고 싸우지 않는 놈이 어디 있는가" 하고 말합니다. 있습니다. 많다고 할는지는 모르나 자기 금전, 자기 지식, 자기 능력을 가지고 정직하게 민족을 위하여 일하고 협잡을 도무지 아니하는 사람이 과연 있습니다. 또는 외형을 보면 남한테 욕도 받고, 공격도 받고, 모함도 받기 때문에 같은 싸움꾼인 듯 하나, 그 욕과 그 핍박 그 모함을 받으면서도 한번도 저항의 행동을 취하지 않고, 공평하고 원만한 맘으로 군중을 향하는 사람도 있습니다. 나는 이렇게 살피지

마는, 나의 살피는 것과 달리 다 협잡하고 다 싸움만 한다고 판정하더라도, 그 중에 협잡과 싸움을 적게 하는 사람이 지도자의 자격입니다. 왜? 자체 인물에 비교하여 앞선 때문입니다.

남을 시기하는 태도를 없이하고, 우리의 민족을 위하여 지도자를 찾아 세울 성의로 냉정한 머리를 가지고 살피면, 과연 앞선 사람들이 보입니다. 앞선 사람을 찾기 위하여 서늘한 머리로 사회를 살피는 정도에 이르는 것은 값 없는 허영에서 떠나 자기 민족 사회의 사업을 실제로 표준 하는 주인되는 책임심이 있은 후에야 됩니다.

어느 집에든지 그 집의 주인 된 자는 자기 식구 중에 좋은 인물이 생기는 것이 영광스럽고 기쁘게 생각할 뿐이요, 시기심이 조금도 없습니다. 형이나 아우는 고사하고, 똑똑한 하인만 들어오더라도 즐거워합니다. 이것은 자기 집에 이로울 것만 생각하는 주인된 때문입니다. 한 집에 주인된 사람은 다른 집에 비하여 낫기를 요구하는 맘이 있기 때문입니다. 자기 집안 식구 중에 좋은 사람이 생기는 것은 기뻐하고 사랑하고 보호합니다. 이와 같이 자기 민족사회의 사업이 다른 민족사회보다 더 낫기를 요구하기 때문에, 자기 민족 중 좋은 사람이 생기기를 간절히 기대하고, 생기는 시간에는 기뻐하고, 즐거워하여 숭배하고, 후원하기를 그치지 않습니다.

● 지도자는 이렇게 찾아라

말이 너무 길어짐으로, 하고 싶은 말을 줄이고, 지도자를 택하는데 참고할 재료를 몇 가지 제공하오니, 여러분은 이것을 참고하려니와, 이 밖에 더 나은 방법으로라도 지도자를 세움에 주력하시기 바랍니다. ① 무조건하고 허영만 표준 하여 지도자라고 인증치 말고, 먼저 그 사람의 주의와 본령과 방침과 능력을 조사한 후에, 그 주의와 본령이 내 개성에 적합하고, 그 주의에 대한 방법과 능력이 나와 다른 사람보다 앞선 것을 본 후에, 지도자로 인정할 것이요, 그것을 살피는 방법은 사회에 떠돌아다니는 유언비어에 의지하지 말고 그 사람의 실질적 역사와 행위를 밝히 살필 것입니다. ② 대주의 대본령이 맞고, 큰 성의가 있는 줄로 인정한 후에는, 그 사람이 한 때, 한 때 말이나 일에 실수함이 있더라도 그것을 교정하여 주기를 노력할지언정, 가볍게 배척하지 아니할 것입니다. 한 때 허물로 사람의 평생을 버리고, 한 가지, 두 가지 허물로 그 사람의 전체를 버리는 것은 불가합니다. 과거 시대에는 일불살육통一不殺六通하였거니와 현재에는 육통생일불六通生一不합니다. ③ 지도자를 택할 때에 친소원근親疏遠近과 자당自黨 피당彼黨의 관념을 떠나서 전군중의 이해를 표준하고, 공평 정직한 맘으로 할 것입니다.

2

부허에서 떠나 착실로 가자[2]

『동광』, 1926. 9

부허浮虛는 패망의 근본이요, 착실着實은 성공의 기초외다. 그런데 우리 조선의 사회상태가 부허적인가, 착실적인가? 다시 말하면, 패망적인가, 성공적인가? 이것을 크게 묻고, 크게 말하고자 합니다. 얼마 전에 ○○일보를 읽다가 어떤 외국의 유명한 선비가 조선을 시찰하고 갈 때에 우리의 어떤 기자가 그이를 대하여 "조선의 장래가 어떠하여야 되리까" 하고 물은 즉, 그는 여러 다른 말을 하지 아니하고 오직 "조선 사람이 부허한 것을 떠나서 착실한 대로 들어가야 되겠다"는 간단한 말로 대답한 것이 게재된 것을 보았습니다. 생소한 외국손님이 우리 사회의 문 안에 처음 들어설 때에 그 눈에 얼른 띄어 보일 만큼

2 이 글에서 도산은 부허를 당시 조선 사람의 최대 약점으로 지적하면서 이를 착실로 바꾸는 것은 우리 민족이 당면한 최대 과제임을 강조한다. 도산이 평소에 강조한 무실務實 정신의 중요성을 지적한 글이다.

부허하여졌으니, 우리의 부허가 얼마나 심하여 졌습니까? 요즘 고국에서 오는 소식을 듣건대, 지금 조선 사회에 가장 크게 성행하는 것이 '미두米豆취인'이랍니다. 누구나 이것이 정당하고 착실한 업業이 아니요, 허황한 것으로 인정하고, 또 이것을 함으로 결국은 실패하는 줄 다 압니다. 그러나 이것을 즐겨하여, 열심으로 들어 덤비니 이것을 보더라도 우리 사회의 부허한 것은 가리우지 못할 사실인 듯합니다. 어찌 미두취인뿐일까요? 이 밖에 일의 목적은 선하고 성질은 얼마나 좋다 하더라도, 일에 대한 수단은 미두취인적 정신을 취하는 듯합니다. 아! 슬프다. 부허 중에 나라를 잃은 우리 민족이 아직도 그 부허의 그물을 벗지 못하였고, 그냥 그 그물을 벗을 생각도 아니하는 듯합니다.

명확한 타산과 계획

무릇 착실이란 것은 무슨 일에든지 일찍이 인과율因果律에 근거하여 명확한 타산 하에 정당한 계획과 조직으로써 무엇, 무엇을 어떻게 하여, 어떠한 결과를 지어내겠다 하고, 그 목적을 달하기까지 뜻을 옮기지 않고, 그 순서에 의지하여 각고의 노력을 다함을 이름이외다. 부허는 이에 반대로, 인과의 원칙을 무시하고, 정당한 계산과 뇌력腦力을 다하지 아니하고, 천의 한 번 만에, 한 번 띄우는 요행수만 표준하고, 예외적 행동으로 여기 덥석 저기 덥석 마구 덤비는 것이요, 또는 당초의 일의 성불성誠不誠 여하는 문제도 삼지 아니하고, 다만 한 때의 보인 명성이나 날리기 위하여 허위적 행사를 취하여 마구 들뜨는 것이외다.

이상에 말한 착실과 부허의 뜻만 밝히 이해하면, 긴 이론이 없더라도 어느 것이 성공적이요, 어느 것이 패망적임을 쉽게 판단하겠습니다. 혹은 말하기를, 정치가의 사업은 오물꼬물하게 조직이니 타산이니 하는 학자적 사업이 아니요, 엉큼하고 허황한 듯한 수단을 취한다 하며, 또 그 시대일은 그 시대 군중의 심리를 이용한다 하여, 이를 부허한 심리에 맞도록 꾸미고 허장을 일삼으며 부허한 것을 장려하는 폐도 있습니다마는, 이때가 수호지水滸誌적 시대가 아니고 과연 학자의 시대입니다. 그러므로, 정치나 무엇이든지 이를 위하는 자는 학자적 지식은 없더라도 학자적 관념은 있어야 합니다.

그러므로 복술卜術 선생을 모셔다 놓고 미두점米豆占을 칠 때가 아니고, 학자적 지식이 있는 이를 모셔다가 지도자로 세우고, 그 지도자를 따라 일할 때 입니다. 가다가 한때 부득이한 경우로 인하여 군중의 그릇된 실리를 이용하고 허황한 수단을 잠시 취한다 하여도 불가하거든, 하물며 부허한 것으로 기초와 본령을 삼아서야 되겠습니까? 우리 사회의 국내외를 물론하고, 과거의 부허한 원인으로 실패한 경험의 실증을 낱낱이 들어 분명히 말하고자 하나, 그것은 참고 그만두거니와, 대개 오늘 우리 사회의 위혁강탈과 사기협잡과 골육상전骨肉相戰하는 모든 악현상이 거의 다 이 부허로 기인하였고, 조선 사람이 조선 사람으로 더불어 서로 믿고 의탁하여 협동할 길이 막히어진 것과, 조선 사람이 조선 사람으로 더불어 질서를 차려 이 일을 지어 나아갈 길이 막히어진 것과, 외인한테까지 신용을 거두지 못하게 된 모든 원인이 또한 이 부허 때문입니다. 다시 말하면, 우리는 부허로 인하여 무엇이든지 실제로 성공하기는 고사하고, 패망하게 되었습니다. 그러므로 외국사람이 우리에게 충고를 줄 때에도 먼저 착실을 말하였습니다.

● 처지가 절박할수록 더욱 착실하게

그런데 우리의 처지와 경우가 절박한 이때에, 착실이라 부허라 가릴 여지가 없다고 생각하기 쉽습니다. 그러나 나는 과연 우리의 경우와 처지가 너무도 절박하기 때문에, 어서 급히 착실한 방향으로 노력하여, 절박한 것을 실제로 벗자 함이외다. 착실한 방향으로 절실히 노력하면, 성공이 있을 줄을 확실히 믿습니다. 이 믿음에 대한 실제 사실을 분명히 말씀 못하는 것이 유감이외다. 그러나 여러분들이 과연 착실한 관념을 품고 앞을 내다보면, 내 말이 없더라도, 여러분의 눈앞에 성공의 길이 환하게 보일 줄을 믿습니다.

더욱이 우리가 하려고 하는 위대하고 신성한 사업의 성공을 허虛와 위僞로 기초하지 말고, 진眞과 정情으로 기초합시다. 다시 말씀하오니, 우리가 하려고 하는 위대하고 신성한 사업의 성공을 위와 허의 기초 위에 세우려고 하지 말고, 진과 정의 기초 위에 세우려고 합시다. 허와 위는 구름이요, 진과 정은 반석이외다.

꾸준히 뭉쳐서 나아가라

그런데 지금 우리 사회가 이같이 부허하더라도, 개개인이 다 부허한 것은 아니요, 그 중에도 착실을 존중하는 이가 있습니다. 이 착실한 관념을 가진 이는 현재 우리 사회의 부허의 반동의 자극으로 그 착실한 맘이 더욱 강할 줄을 압니다. 착실한 관념을 가진 여러분께 특별히 고하나니, 독선적으로 혼자 그 맘을 가지고 고립한 땅에 서서 사회의 부허한 것을 원망하고 한탄만 하지 말고, 착실한 관념을 가진 사람을 서로서로 찾아서 착실하게 뭉치어 착실한 일을 합작하여, 착실히 효과를 이론으로만 표시하지 말고, 사실로 표현되도록 노력하소서. 이렇게 한다고 부허한 이들이 쉽게 따라오지 않을 것이요, 따라오지 아니 할 뿐더러 그네들의 부허한 심리에 맞지 않기 때문에 훼방과 공격과 방해까지 더하는 일도 없지 아니한 듯합니다. 그렇더라도, 이것 저것을 꺼리지 말고 한참 착실하게 나아가면, 공격하고 반대하던 그네들도 그 부허한 것을 버리고, 성공의 길로 같이 들어설 줄을 믿습니다.

● 심상치 않은 몇 가지 조건

나는 본시 문자에 생소하여, 문자로서는 내 의사대로 표시하기가 곤란합니다. 게다가, 경우로 인하여, 맘에 있는 뜻을 맘 놓고 맘대로 쓰지 못하고, 스스로 제한을 하여가면서 쓰려니까 더욱 곤란하였습니다. 그러므로 여러분이 어떻게 살피어 보실는지 모르거니와, 나의 중언부언하는 본 뜻은 우리가 우리 민족사회의 현재와 영원한 장래에 대한 책임을 지고, 각각 주인된 자의 자격으로 우리 귀중한 옳은 목적을 향하여 나아 가다가, 어떠한 곤란과 장애와 유혹이 있더라도 비관 낙망으로 나아가는 걸음을 멈추거나, 또는 다른 무엇에 뜻을 옮기지 말고, 철저한 정신으로 목적을 성공할 때까지 굳세게 나아가자 함이요. 나아가되, 동족 간에 상부상조하는 애호의 정신으로서 공통한 조건 하에 각 파가 조화하고, 상당한 지도자를 세우고, 서로 믿음으로 협동하여 함께 나아가자 함이요.

공통한 조건을 세우고 나아가되, 부허한 것으로 근거하지 말고, 착실한 것으로 근거하여 나아가자 함이오니, 여러분은 나의 원하는 본 뜻에 유의하여 주소서. 혹 이것은 적은 문제요, 심상한 말로 생각할지는 모르거니와, 나는 이 몇 가지가 큰일을 하려는 우리 사회에 큰 걱정거리요, 큰 말로 여기는 까닭에 말씀함이외다. 우리 사회는 심상하다고 할 만한 이상의 몇 가지에 대한 큰 각성이 생긴 후에야, 내게서든지, 누구에게서든지 이 이상의 큰 말이 나오고, 큰 사실이 실현되리라고 생각합니다.

3
당신은 주인입니까[3]

『동광』, 1926. 6

묻노니, 여러분이시여! 오늘 조선에 주인되는 이가 몇 분이나 되십니까? 조선 사람은 다 조선의 주인인데, 주인되는 이가 몇이냐 함은 무슨 말이냐고 하시리라. 그러나 조선사람 된 이는 누구든지 명의상 주인은 다 된다 하더라도, 실제로 주인다운 주인은 얼마나 되는지 알 수 없습니다.

어느 집에든지 주인이 없으면 그 집이 무너지거나, 그렇지 아니하면 다른 사람이 그 집을 맡아 다스리게 됩니다. 민족도 그러하고, 사회도 그러합니다. 그러므로 우리는 우리 민족의 장래를 생각할 때에, 먼저 우리 중에 주인이 있는가 없는가, 있다면 얼마나 있는가 하는

3 이 글은 도산 리더십의 핵심인 주인의식을 가장 체계적으로 정리하고 있다. 주인을 객과 비교하며 그 개념을 정리하면서 주인의식으로 각자가 자기의 할 일을 묵묵히 해 나가는 것이 조선이 잘되는 길임을 역설하고 있다.

것을 살피지 않을 수 없습니다. 나로부터 여러분은 각각 우리 자신이 이 민족사회에 참 주인인가, 아닌가를 물어 볼 필요가 있다고 생각합니다.

주인이 아니면 객인데, 주인과 객은 무엇으로 구별하는가? 그 민족사회에 대하여 스스로 책임감이 있는 이는 주인이요, 책임감이 없는 이는 객입니다. 우리가 한 때에 우리 민족 사회를 위하여 뜨거운 눈물을 뿌리는 때도 있고, 분개한 말을 토하는 때도 있고, 눈물과 말뿐 아니라 우리 민족을 위하여 몸을 위험한 경지에 던지는 때도 있다 할지라도, 그렇다고 주인인 줄로 자처하면 오해입니다. 지나가는 객도 남의 집에 참변이 있는 것을 볼 때에는 눈물을 흘리거나, 분한 말을 토하거나, 또 그 집의 위급한 것을 구제하기 위하여 몸을 던지는 수도 있습니다. 그러나 그는 주인이 아니요 객이기 때문에, 그 때 한 때 그러 할 뿐이요, 그 집에 대한 영원한 책임감은 없습니다. 내가 알고자 하고 구하는 주인은 우리 민족사회에 대하여 영원한 책임감을 진정으로 품은 주인입니다. 진정한 주인에게 비판도 없고, 낙관도 없고, 질투도 없고, 불쌍히 여기는 맘도 없고, 제 일인 고로 오직 어찌하면 우리 민족사회를 건질까 하는 책임감뿐입니다. 우리의 전도는 낙관이라, 비관이라 하는 것이나, 조선 민족의 현상은 측은하다, 밉다 하는 것이나, 모두 객으로서 하는 말이지 주인이 할 말은 아닙니다.

그 집안 일이 잘 되어가거나, 못되어 가거나, 그 집의 일을 버리지 못하고, 그 집 식구가 잘났거나, 못났거나, 그 식구를 버리지 못하고, 자기 자신의 지식과 자본의 능력이 짧거나, 길거나, 자기의 있는 능력대로 그 집의 형편을 의지하여 그 집을 유지하고, 발전할 만한 계획과 방침을 세우고, 자기 몸이 죽는 순간까지 그 집을 맡아가지고 노력하는 이라야 비로소 참 주인입니다. 참 주인된 이는 자기 집 일이 어려운 경우에 빠지면 빠질수록 그 집에 대한 관념이 더욱 깊어져서, 그 어려운 경우에서 건지어 낼 방침을 세우고야 맙니다.

이와 같이, 자기의 민족 사회가 어떠한 위난과 비운에 처하였든지, 자기의 동족이 어떻게 못나고 잘못하든지, 자기가 민족을 위하여 하던 일이 몇 번 실패하든지, 자기 민족사회의 일을 일 분 일 초 간에도 버리지 아니하고, 또는 자기의 능력이 족하든지 부족하든지, 다만 자기의 지성으로 자기 민족사회의 처지와 경우를 의지하여, 그 민족을 건지어 낼 구체적 방침과 계획을 세우고, 그 방침과 계획대로 자기의 몸이 죽을 때까지 노력하는 이가 그 민족사회의 책임을 중히 여기고 일하는 주인이외다.

내가 옛날 고국에 있을 때에, 한 때 한 때 비분강개한 맘으로 사회를 위하여 일한다는 자선사업적 일꾼은 많이 보았으되, 영원한 책임을 지고 주인 노릇 하는 일꾼은 드물게 보았으며, 또 일종의 처세술로 체면을 차리는 행세거리 일꾼들은 있었으나, 자기의 민족사회의 일이 자기의 일인 줄 알고, 실제로 일하는 일꾼은 귀하였습니다. 내가 생각하기는, 지금 와서는 그때보다 주인 노릇 하는 일꾼이 생긴 줄 압니다. 그러나 아직도 그 수효가 많지 못한 듯합니다. 한 집 일이나, 한 사회 일의 성쇠흥망이 좋은 방침과 계획을 세우고 못 세우는 데 있고, 실제 사업을 잘 진행하고 못하는 데 있습니다. 그러나 이것도 주인이 있은 뒤의 문제지, 만일 한 집이나 한 사회에 책임을 가진 주인이 없다고 하면, 방침이나 사업이나 아무 것도 없을 것입니다. 그런즉, 어떤 민족사회의 근본 문제가 주인이 있고 없는데 있습니다. 여러분은 스스로 살피어, 내가 과연 주인이요, 나 밖에도 다른 주인이 또한 많다고 하면 그러려니와, 만일에 주인이 없거나, 있더라도 수효가 적은 줄로 보시면, 다른 일을 하기 전에 내가 스스로 주인의 자격을 갖고, 또한 많은 사람으로 하여금 주인의 자격을 갖게 하는 그 일부터 하여야 되겠습니다. 우리가 과거에는 어찌 하였든지, 이 시간 이 경우에 임하여서는 주인 노릇할 정도가 일어날 만하고, 자각도 생길만 하다고 믿습니다.

4

무정한 사회와 유정한 사회 : 정의돈수의 의미와 요소[4]

『동광』, 1926. 6

정의돈수情誼敦修의 의의

정의情誼는 친애親愛와 동정同情의 결합이외다. 친애라 함은 어머니가 아들을 보고 귀여워 정으로 사랑함이요, 동정이라 함은 어머니가 아들의 당하는 고苦와 낙樂을 자기가 당하는 것 같이 여김이외다. 그리고 돈수敦修라 함은 있는 정의를 더 커지게, 더 많아지게, 더 두터워지게 한다 함이외다. 다시 말하면, 친애하고 동정하는 것을 공부하고,

4 이 글은 애기애타 리더십의 핵심 정신인 사랑의 개념과 실천방법을 매우 체계적이며 구체적으로 정리하고 있다. 도산은 사랑을 정의情誼라는 단어로 표현하면서 사랑은 가족과 친지와의 관계에서는 물론이고, 조직사회에서도 협력을 이루어 성과를 올릴 수 있는 가장 근본적 요인임을 강조하고 있다.

연습하여, 이것이 잘되도록 노력하자 함이외다.

정의情誼와 사회와의 관계

인간 중 불행하고 불쌍한 자 중에 가장 불행하고 불쌍한 자는 무정無情한 사회에 사는 사람이요, 다행하고 복 있는 자 중에 가장 다행하고 복 있는 자는 유정有情한 사회에 사는 사람이외다. 사회에 정의가 있으면 화기가 있고, 화기가 있으면 홍미가 있고, 홍미가 있으면 활동과 용기가 있습니다.

유정한 사회는 태양과 우로雨露를 받는 것 같고, 화원에 있는 것 같아서, 거기는 고통이 없을 뿐더러, 만사가 진홍합니다. 홍미가 있음으로 용기가 나고, 발전이 있으며, 안락安樂의 자료資料가 일어납니다. 이에 반하여, 무정한 사회는 큰 가시밭과 같아, 사방에 괴로움뿐임으로 사람은 사회를 미워하게 됩니다. 다시 말하면, 음랭한 바람과 같아서 공포와 우수憂愁만 있고 홍미가 없음에, 그 결과는 수축될 뿐이요, 압세壓世와 무용無勇과 불활발不活潑이 있을 따름이며, 사회는 사람의 원수가 되니, 아는 사람에게 직접 고통을 줄 뿐 아니라, 모든 일이 안됩니다.

불쌍한 조선사회

우리 조선사회는 무정한 사회외다. 다른 나라에도 무정한 사회가 많겠지마는, 우리 조선사회는 가장 불쌍한 사회외다. 그 사회의 무정이 나라를 망하게 만들었습니다. 여러 백년 동안을 조선사회에 사는 사람은 죽지 못하여 살아왔습니다. 우리는 유정한 사회의 맛을 모르고 살아왔으므로 사회의 무정함을 견디는 힘이 있거니와, 다른 유정한 사회에 살던 사람이 일조에 우리와 같은 무정한 사회에 들어오면 그는 죽고 말리라고 생각합니다. 민족의 사활문제를 앞에 두고도 냉정한 우리 민족이외다. 우리 하는 운동에도 동지 간에 정의가 있었던들 효력이 더욱 많았겠습니다. 정의가 있어야 단결도 되고, 민족도 흥하는 법이외다.

정의는 본래 천부天賦한 것이지만, 유교를 숭상하는 데서 우리 민족이 남을 공경할 줄은 알았으나, 남 사랑하는 것은 잃어버렸습니다. 또, 혼婚·상喪·제사祭祀에도 허례에 기울어지고 진정으로 하는 일이 별로 없었습니다.

무정한 우리 사회의 진상

여러분이 유년시 일을 회고하여 보세요. 사람과 사람 사이에 서로 사랑하는 정이 생김은 당연하거늘, 우리 사회에서는 부모와 자녀, 형과 제弟의 사이에 아무 정의가 없습니다.

어른들이 어린아이를 대할 때에 일개의 완희물玩戲物로 여깁니다. 그리하여, 그 울고 웃는 꼴을 보기 위하여 울려도 보고 웃겨도 봅니다. 또, "호랑이가 온다", "귀신이 온다" 하여 아이들을 놀라게 합니다. 또, 집안에 계신 조부모나 부모는 호령과 매 때리기만 일삼음으로, 아이들은 한 때도 맘을 펴지 못합니다. 아이들은 조부나 부친 앞에 있어서는 매 맞을 생각에 떨고 있습니다. 나는 어렸을 때 산에 가 놀기를 제일 좋아하였는데, 종일 놀다가도 돌아올 때에는 매 맞을 생각에 떨면서 돌아왔습니다. 그러다가 걸핏하면, 잘못하였다고 내어 쫓습니다. 제 아비의 집에서 쫓겨나서, 울면서 빙빙 돌아다니는 꼴은 참으로 기가 막혀 볼 수 없습니다. 이같이 하여, 강보襁褓에서부터 공포심만 가득한 생활을 하던 아이가 가정의 옥을 벗어나서 학교에 가면, 학교 훈장이란 이가 또한 호랑이 노릇을 합니다. 아이가 학교에 가고 싶어서 가는 것이 아니요, 부모가 가라니까 마지못해서 가는 것이외다.

또 시부모와 며느리, 형과 아우, 모든 식구가 다 서로 원수이외다. 관민 간에도 그러합니다. 이里에, 면面에, 군郡에, 도道에 가보시오. 어디서든지 찬바람이 아니 부는 데가 없습니다. 그보다 더 기막히는 것은 남녀 간의 무정함이외다. 우리네의 가정에서 부부가 만일 서로 보고 웃었다가는 큰 절단이 납니다. 남녀 사이에는 정의가 전혀 끊어져 서로 볼 수도 없었습니다. 따라서, 남녀가 만일 사귀는 날이면, 필경 범죄 사실이 생깁니다. 이것은 남녀 간 정당한 교제의 길을 막는 까닭이외다.

● 유정한 사회의 내용

이제 한번 눈을 돌려 다정한 남의 사회를 봅시다. 그들의 가정에서는 부모가 결코 노하지 않습니다. 장난감으로 하라고 인형을 주어 사랑케 하고, 잘 때에는 안고, 키스하고, 재웁니다. 식탁에서도 아이를 특별히 대우합니다. 우리 가정에서처럼 역정 써서 먹으라고 호령하지 않습니다. 이리하여 어렸을 적부터 공포심이 조금도 없이 화기 중에서 자랍니다. 서양 아이들은 실로 꽃보다 더 귀합니다. 정이 가득한 가정에서 자라난 까닭이요. 소학교에 가면 교사는 다 여자외다. 이것은 남자보다 여자에게 정이 더 많음이요, 선생이 학생을 친절히 대접함으로 학생들은 선생을 몹시 따르고, 학교에 가고 싶어 합니다. 그러므로, 서양 소학교들은 결코 우리나라 아이들처럼 학교에 가기 싫다고 억지 쓰는 것을 보지 못하였습니다.

학교뿐 아니라, 선차船車 속에서도, 집회석集會席에서도 화기가 있습니다. 근심이 있는 이는 결코 남의 앞에 나서지 않습니다. 예배당에서는 음악대와 성악대가 있고, 또 교우들이 때때로 모여 웃고, 먹고 하면서 정의를 돈독히 합니다. 우리나라 예배당에는 공포가 가득하외다.

우리나라 교인들의 사랑은 진정으로 나오는 정이 아니고, 그러지 않으면 죄 된다는 공포 관념에서 나오는 사랑이외다.

그네들은 정의를 밥과 옷 이상으로 여깁니다. 상인이나, 학생이나, 심지어 신문 파는 아이들까지라도 구락부俱樂部 안 가진 자가 없습니다. 그들은 정의 없이는 살 수 없다는 생각에서 이렇게 합니다. 미국 같은 나라에 가서 제일 부러운 것은 업業의 상하를 막론하고 다 즐거워함이외다. 서양사회에서는 손님이 오면, 딸이나 누이로 하여금 웃고, 접대케 합니다. 부부 될 남녀는 약혼 시대부터 서로 열정적 사랑이 지극하여, 서로 껴안고 좋아합니다. 다른 이가 이것을 흠欽하지 않는 고로, 그들에게는 아무 공포가 없고, 다만 두터운 정뿐이외다.

남녀의 화합은 이것이 사회의 정의 기초이건마는, 우리 사회에서는 남녀를 꼭 갈라놓음으로 차디찬 세상을 이루고 맙니다. 서양 사람은 정의에서 자라고, 정의에서 살다가, 정의에서 죽습니다. 그들에게는 정의가 많음으로 화기가 있고, 따라서 홍미가 있어서, 무슨 일이나 다 잘됩니다.

● 정의 기르기 공부를 합시다

우리는 이 정의돈수 문제를 결코 가볍게 볼 것이 아니외다. 우리가 우리 사회를 개조하자면 먼저 다정한 사회를 만들어야 하겠습니다. 우리는 조부적부터 무정한 피를 받았기 때문인지 아무래도 더운 정이 없습니다. 그러므로 정의를 기르는 공부를 하여야 되겠습니다. 그러한 뒤에야, 참 삶의 맛을 알 수 있습니다. 일언일동一言一動에 우리사회의 정의를 손상하는 자는 우리의 원수외다. 과거나 현재에 우리 동포는 어디 모인다 하면 의례히 싸우는 것으로 압니다. 남의 결점을 지적하더라도 듣기 싫은 말로 하지 말고, 사랑으로 할 것이외다. 이제 정의 기르는 데 유의할 것 몇 가지를 말하겠습니다.

① 남의 일에 개의치 말라. 우리가 걸핏하면 남의 일에 개입하여, 주제넘게 됩니다. 남이 허물이 있으면, 이것을 적발하기를 좋아 합니다. 그러나 우리는 각각 자기 일만 살피고, 자기의 허물만 스스로 고칠 뿐이요, 결코 남의 일에나 허물에 개의치 말 것이 외다.

② 개성을 존중히 하라. 모진 돌이나, 둥근 돌이나 다 쓰이는 장처가 있는 법이니, 다른 사람의 성격이 나의 성격과 같지 않다고 하여, 나무랄 것이 아니외다. 각각 남의 개성을 존중히 하여, 자기의 성격대로 가지는 것을 시인할 것이외다.

③ 자유를 침범치 말라. 아무리 같은 동지라 하더라도 각 개인의 자유가 있는 것인데, 이제 남을 내 맘대로 이용하려다가, 듣지 않는다고 동지가 아니라 함은 심히 어리석은 일이외다. 서양 사람은 비록 자기 자녀에 대하여서라도 무엇을 시킬 때에, "하겠느냐Will you?"고 물어보는 의미로 말하여, 그의 자유를 존중히 합니다.

④ 물질적 의뢰를 말라. 우리네의 친구들 중에는 돈 같은 것을 달라는데, 주지 않으면 그만 틀어집니다. 그러므로 우리는 친구에게 물질적 의뢰를 하지 아니함이 가하고, 설혹 신뢰하였더라도, 자기의 요구대로 되지 않는다고 정의를 상할 것은 아니외다.

⑤ 정의를 혼동치 말라. 부자, 부부, 친구, 동지의 정의가 다 각각 다를 것이외다. 부자간의 정의와 친구 간의 정의가 같겠습니까? 또, 같은 동지끼리라도, 더 친한 사분私分이 있을 것이외다. 그러니 누구든 더 사랑한다고 나무라지 말 것이외다.

⑥ 신뢰를 확수確守하여라. 서로 약속한 것을 꼭 지켜야 정의가 무너지지 않습니다. 만일 한다고만 한 것을 그대로 안 하면, 섭섭한 맘이 생깁니다. 그러므로 신의를 확수하는 것이 정의를 기르는데 한 가지 조건이 됩니다.

그 나라의 애국자를 결우結遇하는 것도 무정한 사회와 유정한 사회가 다르외다. 우리 무정한 사회에서는 애국자의 결점만 집어내다가, 위난에 빠질 때에는 구원치 않습니다. 그러나 유정한 사회에서는 그렇게 아니합니다. 또, 어떤 이가 공익사업에 돈을 내다가도 다시 더 안 내면, 그 전에 낸 것을 고맙게 생각지 않고, 도리어 욕합니다. 또, 후생들이 어느 선배를 숭배하여 그를 따르면 사회가 욕합니다. 이런 무정한 사회가 어디 있습니까?

유정한 국민은 아무리 젊지 않은 신사나 부인이라도 노상에서 환난 만난 사람을 보면, 그 체면과 수고를 돌아보지 않고 기어이 구원하여 줍니다. 여기는 귀천의 차이도 없습니다. 자기의 좋은 옷을 찢어서라도, 상한 사람의 상처를 싸매주고, 간호하여 줍니다.

정의가 없는 우리 민족의 고통은 실로 지옥 이상이외다. 조선인의 사회는 가시밭이외다. 아무 쾌락이 없습니다. 우리 정의를 길러서 화기 가운데 살아 봅시다. 다시 하는 말은, 정의가 있어야 화기가 있고, 화기가 있어야 흥미가 있고, 흥미가 있어야 성공이 있습니다. 그래야 무슨 사업이든지, 무슨 의무든지 다 하고 싶어서 하게 됩니다. 우리는 어디를 가든지 오직 이 정의돈수 네 글자에 의지하여 삽시다.

5

합동과 분리[5]

『동광』, 1926. 5

오늘 우리 조선을 보면, 합해야 된다고 하고, 대동일치해야 되겠다 하면서, 어찌하여 합하지 아니하고, 어찌하여 편당을 짓는가? 왜 싸움만 하는가? 서로 원망하고, 서로 꾸짖는 소리가 조선 천지에 가득 찼으니, 이것만 보더라도 우리 조선 사람은 합동적이 아니요, 분리적인 것을 알 것이요. 또, 오늘날 조선 사람은 합동하기를 간절히 기다리는 듯합니다. 합동하면 흥하고, 분리하면 망하며, 합동하면 살고, 분리하면 죽습니다. 이 모양으로 합동이 필요하다는 이론도 사석이나, 공석이나, 신문이나, 잡지에 많이 보입니다. 그러므로 조선 사람은 합동해야 된다는 이론은 더 말할 필요가 없다고 생각합니다.

5 이 글은 인체人體를 예로 들면서 "협동하면 살고 분리하면 죽는다"는 강력한 메시지를 담고 있다. 도산은 이 글에서 협동이 효과적으로 이루어지려면 주인으로서의 책임감은 물론 방침과 계획에 대한 합의가 필요하다는 사실을 강조하고 있다.

그러면, 우리 조선민족의 각 개인은 과연 합동의 필요성을 절심하게 깨달았는가? 이것이 의문입니다. 남더러 화합하지 않는다, 편당을 짓고, 싸움만 한다고 원망하고, 꾸짖는 그 사람들만 다 모이어서 합동하더라도, 적어도 몇 백만 명은 되리라고 믿습니다. 그러하거늘, 아직도 그러한 단체가 실현된 것이 없는 것은 이상한 일입니다. 아마 아직도 합동을 원하기는 하지마는, 합동하고 못하는 책임을 남에게만 미루고, 각각 자신이 합동의 길을 위하여 노력하는 정도까지에는 이르지 못한 듯합니다.

사지와 백체百體로 이루어진 우리 몸으로서 그 사지와 그 백체가 분리하면, 그 몸이 활동하지 못하기는 고사하고, 근본 되는 생명까지 끊어집니다. 이와 같이, 각개 분자인 인민으로 구성된 민족사회도 그 각개 분자가 합동하지 못하고 분리하면, 바로 그 순간에 그 민족 사회는 근본적으로 사망된 것입니다. 그러므로 각개 분자의 합동력이 없다고 하면, 다른 것은 더 말할 여지가 없습니다.

옛날 아메리카 십삼방 인민들이 자기네의 자유와 독립을 위하여 일 하려고 할 때에, 양식과 무기와 군대와 여러 가지 준비할 것이 많았습니다. 그러나 먼저 준비하여야 할 것은 각 개인의 머리 가운데 합동의 정신을 가짐이었습니다. 그네들은 그것을 먼저 준비해야 될 필요를 깊이 깨달았기 때문에, "협동하면 서고 분리하면 넘어진다 United we stand, divided we fall"라는 표어를 각 개인이 불렀습니다. 그런즉, 우리 무리는 이 합동에 대하여서 주인 된 자의 자격으로 책임을 지고, 합동의 방법을 연구하며, 합동하는 행위를 실천하도록 노력하여야 하겠습니다.

내가 이제 합동에 대하여 말하자면, 우리 사회가 과거에 거의 역사적으로, 습관적으로 합동이 못되어 온 원인과, 또 현재에 합동이 되지 못하는 이유와, 합동을 하려면 취하여야 할 방법을 들어서 말 할 것이 많습니다. 그러나 그것은 너무 길어질 근심이 있음으로, 현재 상태에서 가장 필요하다고 믿는 몇 가지만 말하려 합니다.

첫째는, 전 민족이 공통적으로 같이 희망하고, 이행할만한 조건을 세우는 것입니다. 오늘날 우리가 요구하는 합동은 민족적 감정으로 하는 합동이 아니요, 민족적 사업에 대한 합동이외다. 민족적 감정으로 하는 합동은 인류사회에 폐단을 주는 것이라 하여, 깨트리어 없이 하려고 하는 이조차 있습니다. 나는 내가 민족적 감정으로 된 합동을 요구하지 아니하고, 민족적 사업을 중심으로 하는 합동을 요구한다 함은, 민족적 감정을 기초로 이루어진 민족주의가 옳다, 옳지 않다 하는 것을 근거로 하는 말이 아니외다. 어느 민족이든지 '우리 민족', '우리 민족' 하고 부를 때에 벌써 민족적 감정을 기초로 한 합동은 천연적, 습관적으로 있는 것이니, 합동하자 말자 하고 더 말 할 필요가 없고, 우리가 요구하고 힘쓸 것은 민족의 공통한 생활과 사업을 위하여 하는 합동이외다.

그런데 '일을 위한 합동'은 그 일이 무슨 일이며, 그 일을 할 방법이 무엇인가를 분명히 한 후에 생길 것이니, 덮어놓고 무조건으로 '협동하자', '협동하자' 하는 것은 아무리 떠들고 부르짖어도 합동의 효과도 얻을 수가 없을뿐더러, 일에 대한 조건이 없이는 합동을 요구할 이유도 발생하지 아니하겠습니다. 어떤 민족이 합동함에는 그 민족이 공통적으로 이해하는 조건이 선 후에야 된다 함은, 세계 각국의 역사와 현재의 실례를 들어서 말 할 것이 많습니다마는, 우리 민족이 최근의 지난 경험을 갖고도 좋은 실례를 삼을 수가 있습니다.

그러면 우리 사람이 합동할 조건이 무엇일까? 그것은 첫째는 목적이요, 둘째는 그 목적을 달하기 위한 방침과 계획이외다. 그런데 우리 민족의 공통한 큰 목적은 이미 세워진 것이니까, 이에 대해서는 다시 세우자, 말자 할 필요도 없고, 오직 남은 것은 그 방침과 계획뿐이니, 이것이야말로 우리의 합동의 공통적 조건이 되고 목표가 되는 것입니다.

그런즉 이 공통적 조건이 방침과 계획을 세우는 근본방법은 무엇인가? 그것은 우리 조선사람 각 개인이 각각 머릿속에 방침과 계획을 세움에 있습니다. 이 말은 얼른 생각하면 모순되는 듯합니다. 사람마다 각각 제 방침과 제 계획을 세워 가지고, 각각 제 의견만 주장한다고 하면, 합동이 되기는커녕, 더욱 분괴가 될 염려가 있지 아니할까 하고 의심하기 쉽지마는, 그것은 그렇지 아니합니다. 위에도 말한 바와 같이, 민족사회는 각개 분자인 인민으로 구성된 것이므로, 그 인민 각개의 방침과 계획이 모이고, 하나가 되어서, 비로소 공통적인 방침과 계획, 즉 합동의 목표가 생기는 것은 민족사회에서는 피치 못할 원칙입니다.

그러므로 각 개인은 이 원칙에 의지하여, 자기네 민족과 사회의 현재와 장래를 위하여 참 맘으로 정성껏 지혜껏 연구하여, 그 결과를 가장 정직하게, 가장 힘 있게 발표할 것입니다. 이 모양으로 각각 의견을 발표하노라면, 그것들의 자연도태와 적자생존의 원리에 의지하여, 마침내 가장 완전한, 가장 여러 사람의 찬성을 받는 '여론'을 이룰 것이니, 이 여론이야말로 한 민족의 뜻이요, 소리요, 또 명령이외다.

우리는 자유의 인민이니, 결코 노예적이어서는 안됩니다. 우리를 명령할 수 있는 이는 오직 각자의 양심과 이성뿐이라야 할 것이니, 결코 어떤 개인이나, 어떤 단체에 맹종하여서는 아니 됩니다. 우리는 각각 조선의 주인이기 때문에, 내 조선을 어찌할까 하는 문제에 대하여 오직 내 양심과 내 이성에 물어 볼 것입니다. 그러나 우리는 주인이기 때문에, 마치 상 받고 일하는 고용꾼 모양으로 자기의 공로를 내세울 필요가 없고, 다만 우리의 일인 조선의 일만 잘되면 그만일 것입니다. 그러므로 각 개인은 각각 자기의 의견을 존중함과 동시에, 남의 의견을 존중하여, 비록 어떤 의견이 사사로운 감정으로는 자기와 좋지 못한 개인에게서 나온 것이라 하더라도, 그 의견이 자기의 민족사회에 이롭다고만 생각하면 자기가 일찍이 생각하였던 의견을 버리고, 그 의견을 취하여 자기의 의견을 만들기를 즐거워할 것입니다. 다시 말하면, 자기가 진정한 주인인 책임감을 가지고 실제로 방침과 계획을 세워 보았던 사람이기 때문에, 제 의견, 남의 의견을 가릴 것이 없이 제 일에 좋은 의견이면 취하는 것입니다.

그런즉 우리가 만일 합동을 요구하거든, 합동을 이룰 만한 조건을 세우기에 먼저 힘을 쓰고, 합동을 이룰만한 조건을 세우려거든, 나와 여러분은 서늘한 머리를 가지고, 깊은 방이나 산이나 들이나 어디서든지 각각 지성에 지성을 더하여, 방침과 계획을 세우기를 연구하기 시작합시다. 내가 조선의 주인이라는 맘으로. 나는 (이 말에 어폐가 있을는지 모르거니와) 더욱이 우리 사회 각 계급에 처한 여러분께 대하여 진정한 민족적 방침을 세우는 데 너무 무심치 말고, 추상적 관찰과 추상적 비판만을 일삼지 말고, 앞으로 갈 문제에 대하여 각각 깊이 연구하여, 구체적 방침을 세워가지고, 한 때에 발표하여, 서로 비교한 후에, 가장 다수 되는 가장 원만한 계획 아래에 일체 순응하여, 우리 모든 조선 인중人衆이 한 깃발 밑에 같이 나아가는 것이 하루 바삐 실현되기를 간절히 바랍니다.

서상목徐相穆

충남 홍성에서 나고 경기중 · 고등학교를 졸업했다. 미국 앰허스트Amherst 대학에서 파이베타카파상Phi Beta Kappa을 받고 졸업한 후, 스탠퍼드Stanford 대학교에서 경제학 박사학위를 취득했다. 세계은행World Bank 연구위원, 타임TIME지 경제고문, 아 · 태환경의원연맹APPCED 집행위원장 등을 지내며 경제전문가로 세계무대에서 활약했다. 세계보건기구WHO로부터 금연활동상, 스탠퍼드대학교로부터 자랑스러운 동문상Sequoia Award을 수상했다. 정계에 입문하여 국회의원과 보건복지부장관을 지내며 경제 및 복지 정책 전문가로서도 활동했다.

현재 경기복지재단 이사장 직을 맡아 '고객감동의 복지경영' 개념을 복지 정책에 접목시키기 위해 노력하고 있다. 또한 인제대학교 석좌교수 및 도산안창호선생기념사업회 교육위원장 직을 수행하면서 리더십 연구 및 교육활동에 열정적으로 참여하고 있다. 최근에는 새로운 리더십 대안 모색의 일환으로 그린리프Greenleaf의 서번트Servant 리더십과 도산 안창호의 애기애타愛己愛他 리더십에 관한 국제심포지엄을 주관했다.

주요 저서로는 『한국자본주의의 위기』, 『정치시대를 넘어 경제시대로』, 『가장 잘하는 자에게 맡기자』 등이 있다.